Nortrud und Dieter Boge-Erli

Wenn's regnet, weint der liebe Gott

Illustrationen
von Alexandra Hellwagner

b&k

Die Reihe »Wolkenfenster« wird herausgegeben von Heidi Kaiser

b&k
Verlagsgemeinschaft der Verlage Benziger, Zürich und Köln
Ernst Kaufmann, Lahr

1. Auflage 1982

Hergestellt im Graphischen Betrieb Benziger AG, Einsiedeln
Umschlaggestaltung: Atelier Blumenstein + Plancherel, Zürich,
unter Verwendung einer Illustration von Alexandra Hellwagner
ISBN 3-545-28018-7 (Benziger)
ISBN 3-7806-0813-8 (Kaufmann)

Inhalt

Gott hat alle Kinder lieb – den Tugol auch?

David hat beide Zeigefinger in den Ohren.
Natürlich hört er nichts. Er will auch gar nichts hören. David lernt einen Text auswendig, anstrengend ist das und außerdem sehr ärgerlich. Die ganze Klasse muß den Text auswendig lernen, weil alle zusammen den Herrn Rot verärgert haben.
Herr Rot ist der Englischlehrer.
Einen Mordskrach gemacht haben die aus der sechs. Derart gebrüllt, gehopst, gekämpft und mit Sachen geworfen, daß keiner gemerkt hat, wie der Rot zur Tür reinkam.
Der ist eine ganze Weile in der Tür gestanden, der Rot. Holger Drehbein hat es zuerst gemerkt und mit seiner lauten Stimme getönt: „Ruhe! Der Blau ist da!"
Da war der Rot sauer! Dabei weiß er schon lange, daß sie ihn ‚Blau' nennen, auch mal ‚Gelb' oder ‚Grün', je nach Laune.
Seine Laune war an dem Tag aber besonders schlecht. Er war ganz blaß um die Nase, hat sich eisig und stumm vor die Klasse gestellt und gewartet, bis alle saßen und es so still wurde, daß man den Atem von jedem hören konnte.
David hat ein schreckliches Kratzen im Hals gespürt, sich aber nicht getraut, es mit einem ‚Häkrem' wegzustoßen, so still war es im Klassenzimmer.
„So!" hat der Rot gesagt, sein Englischbuch aufgeschlagen und sich steif wie ein Stehaufmännchen zur Tafel gedreht: „Mitschreiben!"
Hausarbeit für alle. Lerne auswendig: Seite 7, Strophe 1–4; Übersetze: Seite 8.
Erst dann fing die Stunde an. Mit dem Rot war wirklich nicht zu spaßen.

Jetzt hat David also die Ohren zugestopft und sagt vor sich hin: „Now the sun is sinking in the golden west“, dabei ist heller Sonnenschein draußen, und auf der Wiese vor dem Schulgebäude könnte man herrlich Fußball spielen mit den andern. Mist!

„Da, Großer Da!“ sein kleiner Bruder Daniel schreit im Treppenhaus und schreit in einem fort, bis er im Jungenzimmer ankommt. Daniel und David haben ein Zimmer zusammen. Sie nennen einander ‚Großer Da‘ und ‚kleiner Da‘, weil ihre Vornamen gleich anfangen. Der kleine Da ist aber fünf Jahre jünger als der große.
„Komm, schnell! Sie klaun mir alle Sachen!“
Dani reißt an Davids Arm und schüttelt ihm den Finger aus den Ohren.
„Was ist denn, Kleiner? Ich muß lernen, laß mich!“
„Du mußt aber kommen. Der Tugol klaut mir meine Schubkarre!“
„Tugol?“ David springt auf, den Tugol kennt er gut. Mit dem war er noch im vorigen Jahr in einer Klasse, „was macht der?“
Sie hopsen beide die Treppen runter, durchs Eßzimmer, über die Terrasse und in den Garten hinterm Pfarrhaus.
„Dort laufen sie, dort!“ der kleine Da jammert und fuchtelt mit den Händen in der Luft herum. Tränen kullern ihm über die Backen.
„Na wartet!“ David schwingt seine reichlich langen Beine über den Jägerzaun. Der Zaun grenzt den Garten der Baiermanns vom Kirchengrundstück ab.
David spurtet los. Geölter Blitz ist nichts dagegen.
Hinter ihm wurstelt sich der kleine Da über den Zaun.
David hat sie schon eingeholt, den Tugol mit seinem breiten Kopf und den schwarzen Borstenhaaren und seine Schwester Iffet.

„He, Tugi, was soll das?"
Tugol grinst, seine seidigen schwarzen Haare sträuben sich wirklich. Iffet ist fürchterlich angezogen. Ein olles Kleid und lange Hosen drunter. Sonst wär sie ja ganz niedlich. Viel älter als der kleine Da ist sie nicht.
„Laß die Schubkarre los! Klar?"
„Wieso?" schreit Tugol, „die gehört uns, wir haben sie gefunden, stimmts Iffet?"
Iffet nickt.
„Gefunden, wo denn? In unserm Garten, wie?"
„Im Garten? Pah! *Vor* dem Garten, in den Sträuchern lag die Karre!" Tugol grinst immer noch und tut sehr überlegen.
„Der Ball war auch drin, ja!" behauptet Iffet.
Fett ist sie übrigens nicht, obwohl ihr Name so klingt.
Der kleine Da kommt über die Wiese gelaufen, Tränen hat er über die Backen geschmiert, und sein Gesicht sieht aus wie bei einem Kaminfeger.
„Gib meinen Ball her! Du bist ganz gemein!"
„Also los, her mit den Sachen!" David zeigt Tugol seine geballte Faust.
Tugol schlägt die Faust mit der flachen Hand weg.
Das kann sich David nicht bieten lassen. Das nicht. Er packt Tugol an den Schultern. Tugol versucht, Davids Beine wegzudrükken. Sie ringen, bis sie rote Köpfe kriegen und fauchen und keuchen.
Daniel greift Iffet an. Die kratzt und beißt wie eine Katze.
„Was macht ihr denn! David, Daniel! Aufhören!"
Gunhild Baiermann, die Mutter von Dani und David läuft zwischen den Sträuchern durch und trennt die Streithammel. Sie hebt Dani hoch, der strampelt wie ein Löwenbaby und will unbedingt weiterkämpfen. Gunhild streicht Iffet das zerwühlte Haar aus dem Gesicht.

Tugol keucht, weil David ihn fast besiegt hätte. Verlegen ist er auch.

Gunhild läßt sich die Sache mit Schubkarre und Ball in den Sträuchern erzählen.
„Ganz unschuldig bist du ja nicht dran, Dani!“ sagt sie, „aber ihr zwei, ihr hättet ja auch fragen können, nicht? So, und jetzt kommt ihr alle mit in den Garten, ich geb euch was zu trinken.“
„Ihr Blödmänner!“ schimpft David und schnaubt durch die Nase wie ein mittlerer Stier in der Arena. Er ist ganz ordentlich in der Wut drin und findet so schnell nicht raus.
„Guck mal, Dani“, sagt Gunhild, „du hast viel mehr Spielsachen als Tugol und Iffet. Da kann ich schon verstehn, daß sie sich Sachen nehmen, die im Gebüsch liegen.“
Gunhild schlägt ein Versöhnungsessen für alle vor.
Neben dem Sandkasten ist nämlich eine Feuerstelle. Die Kinder machen oft Feuer und verheizen alles, was so herumliegt. Holz von den Platanen, Pappreste, die irgendwer auf den Gehweg vorm Haus geworfen hat und was sonst noch alles.
David lernt schnell sein Gedicht auswendig, die andern sammeln schon Brennmaterial. Gunhild sorgt für Würstchen.

Nachher schnitzt David Stöcke zurecht, damit man die Würste aufspießen kann. David hat ein rotes Taschenmesser mit tollen Sachen dran: Flaschenöffner und Schere, große Schneide und kleine Schneide, Korkenzieher und sogar Zahnstocher. Das Messer nimmt er überall mit.

Gunhild geht wieder ins Haus, weil jemand an der Tür ist. An der Tür ist dauernd jemand. Lauter Leute, die etwas von Rudolf wollen. Rudolf ist der Vater von David, Daniel und Judith. Und Pfarrer ist er von Beruf.

Im Moment ist der Vater im Gemeindehaus und gibt Konfirmandenunterricht. Judith ist auch dabei, sie wird bald vierzehn, und dann hat sie Konfirmation.

Das Feuer prasselt, und David holt ein paar dicke Kartoffeln, die wirft er auch noch hinein.
Außerdem sind Micha und der rothaarige Olaf gekommen. Die halten auch ihre Stecken in die Flammen. Olaf ist kaum größer als Daniel, aber er ist so alt wie David. Bei denen sind alle in der Familie klein. Der Vater auch und Olafs erwachsener Bruder. Micha hat strohblondes Haar und ein breites liebes Gesicht. Beide, Olaf und Micha wohnen in den Blöcks hinterm Stadttheater und gingen mit David in die Grundschule. Jetzt hält die Freundschaft eben ohne den Schulvormittag!

Tugol hat seine Wurst verschlungen und die von Iffet auch noch. Und weil gerade niemand auf ihn achtet, schnappt er sich das Taschenmesser von David. Das Messer lag noch auf dem Rand vom Sandkasten, weil David ja vorhin Stecken zurechtgeschnitzt hat.
Tugol klettert über den Zaun und verschwindet. Nicht einmal Iffet merkt es. Sie spielt mit Dani in der Sandkiste.

„Verdammt, wo ist mein Taschenmesser?“ Einen Tag später sucht der große Da. Er guckt in alle Schubladen und sucht sogar im Kleiderschrank und im Badschränkchen, wo die Medikamente stehn. Er stöbert Judith auf, die sich vor dem Spiegel die Augenlider blau anstreicht. Aber kein Mensch weiß, wo das Messer ist.
„Das ist bestimmt im Sand vergraben“, sagt der kleine Da, „du hast es auf den Rand von der Sandkiste gelegt, das weiß ich noch.“
Der kleine Da merkt sich vieles, was die Großen vergessen. Also

wühlen David und Daniel die Sandkiste durch. Sie graben sogar mit dem Spaten. Fördern allerlei zutage: kleine Spielautos, das Fahrerhaus voller Sand, Sandförmchen und ein zermatschtes Bonbon noch im Papier. Kein Taschenmesser.
Der große Da ist sehr traurig.

Noch einen Tag später, Freitag, gräbt der kleine Da allein im Sand. Läßt ihn durch sein Sieb laufen. Das Messer muß da drin sein. Es muß einfach.
Micha hat Schule aus. Er schlendert am Zaun entlang.
„Na, Dani, spielst du schön?"
„Ich spiel überhaupt nicht, ich muß arbeiten!"
„Arbeiten?"
„Ja, der große Da hat sein Taschenmesser im Sand verloren. Oder so ähnlich. Wir finden es nämlich nicht mehr."
„Was? Dann hab ich doch richtig gesehn! Weißt du, wer das Messer hat? Der Tugol! Der hat behauptet, er hätte es neu."
„Ist der gemein!"
„Los, komm mit, wir schnappen uns den Tugol und fragen ihn!"
Dani wurstelt seine kleinen Beine über den Zaun. Bis zum Gartentor ist es ihm zu weit.

Zwischen den Wohnblocks gibt es auch Spielgeräte und Sandkisten. Tugol kurvt gerade auf seinem alten Fahrrad herum.
Micha stoppt ihn.
„Zeig mir nochmal das Taschenmesser."
„Hier, hat mir mein Vater mitgebracht."
Tugol fummelt das Messer aus seiner Hosentasche und hält es auf der flachen Hand.
Dani und Micha gucken genau hin.
„Das gehört dem großen Da! Ich weiß das genau. Die Spitze von der Schere ist nämlich abgebrochen! Ich weiß das!"

Tugols Hand klappt zu.
Wie kann der nur so gemein sein! Der kleine Da rennt hinter Tugols Fahrrad her, zieht am Gepäckständer und bollert gegen das Schutzblech.
Tugol lacht nur.

Aber am Nachmittag lacht er nicht mehr. Da umstellen ihn die Großen. Micha und Olaf und David. Da muß er das Messer rausrücken, ob er will oder nicht.
„Den guck ich nie mehr an, den Tugol, weil er so gemein ist und klaut und auch noch lügt", sagt der kleine Da zum großen Da.

Am Sonntag spielt Gunhild im Gottesdienst die Orgel, und Rudolf predigt. Auch für die Kinder hat der Vater eine Geschichte ausgesucht, die erzählt er im Kindergottesdienst, und nachher malt Judith mit Daniels Gruppe ein schönes Bild. Ein Lied haben sie auch gelernt. Es heißt: „Gott hat alle Kinder lieb" und hat eine schöne Melodie, die man leicht singen kann.

Beim Mittagessen sagt Dani: „Ich weiß, wen der Gott nicht mag." Dani sagt immer ‚der' Gott.
Rudolf löffelt Eis mit Kirschen zum Nachtisch und gähnt. Er ist sonntags immer ganz schön müde, wenn er gepredigt hat.
„Wen denn, wen mag Gott nicht, Dani?"
„Den Tugol, weil der ganz gemein ist, der klaut und lügt."
„O je!" sagt Rudolf, „ausgerechnet der Tugol. Kann es denn nicht, bitte, ein deutsches Kind sein? Deutsche Kinder lügen auch manchmal."
„Es war aber wirklich der Tugol", sagt David, er erzählt die ganze Geschichte.
„Ich hab euch doch erklärt, warum er vermutlich Sachen mitnimmt, weil er weniger hat als ihr", versucht es Gunhild.

„Du mit deiner Sozialromantik", sagt Judith.
Und Dani wiederholt: „Aber der Gott, der hat den Tugol bestimmt nicht lieb."
Rudolf sagt zögernd: „Ich glaube doch, daß Gott auch den Tugol lieb hat."
„Wieso, der ist gemein!"
„Gott kann doch keinen Dieb lieb haben", sagt David.
„Jetzt habt ihrs", sagt Judith und schiebt ihren Stuhl zurück.
„Wir vermuten, daß jemand, der ein Dieb ist, nicht an Gott denkt", sagt Rudolf, „aber Gott denkt trotzdem an solche Menschen. Er sieht ganz tief in die Menschen hinein und versteht sie besser, als wir sie verstehn."
„Gott hat die Menschen ganz anders lieb, weißt du, Dani, viel weiter, viel –", Gunhild breitet die Arme aus und schaut alle am Tisch ein bißchen hilflos an. „Es gibt einfach kein Wort dafür", sagt sie und läßt die ausgebreiteten Arme zusammenfallen, legt die Hände in den Schoß.
„Jedenfalls ich mag den Tugol nicht mehr so", sagt Dani, und dann will er noch eine Portion Eis.

Ein Fest bei den Apatschen

So ein Tag ist das, an dem klingelt andauernd die Türglocke oder das Telefon.

„David, geh du dran, ich hab nasse Hände!“ ruft Gunhild aus der Küche. David hat gerade seine ganzen Hefte sortiert, gezählt.

‚Superman’ und ‚roter Blitz‘, ‚grüne Leuchte‘ und ‚Batman‘. Er hat dreißig Hefte inzwischen. Alles von seinem Taschengeld gekauft, obwohl weder seine Mutter noch sein Vater solche Hefte mögen.

„Gehst du, David?“

„Haaa! Immer ich!“

David legt eins von den Superheften aufs Wohnzimmersofa, das war vorhin so schön leer, genau ideal zum Ausbreiten und Sortieren.

Im Flur überholt ihn der kleine Da. Der reißt auch vor ihm die Haustür auf. Und dann stutzen beide.

Ein kleiner Mann mit Cowboyhut steht auf der Schwelle. Nicht bloß mit Cowboyhut! Der hat auch richtige Lederstiefel mit Sporen, eine Lederweste voll blanker Nieten, einen Gürtel mit Colttaschen, und die Griffe der Colts gucken raus. Und dann der Sheriffstern!!!

Karneval ist nicht – denkt David.

Der Mann lächelt, daß sich sein braunes Gesicht in Falten legt wie bei einem jungen Dackel.

„Tag“, sagt er und tippt mit der Hand an den Hut, „kann ich wohl mal den Herrn Pfarrer sprechen?“

„Der ist nicht da“, sagt David, bewegt die Haustür mit der Hand hin und her. – Fragen, ob die Schußwaffen echt sind! Und wenn sie echt wären? Gibt es hier in der Stadt einen echten Sheriff?

Kann ja nicht sein! –
Während David noch überlegt, fragt Daniel schon drauflos: „Bist du ein Cowboysheriff?“
„Klar“, sagt der Mann und grinst wieder von einem Ohr bis zum andern, „und ich hab auch eine Einladung für euch in eine echte Westernstadt, guck mal, hier!“ Er gibt David ein Blatt in die Hand. „Das soll dein Bruder dem Papa geben“, sagt er, als Dani danach greifen will. „Und frag ihn doch, ob er mich mal zurückruft, wenn er da ist, Streit ist mein Name.“
Der Sheriff tippt wieder an seinen Hut. Da kommt endlich Guni zur Tür. Guckt genauso verwundert.
Herr Streit stellt sich ihr vor, nennt Gunhild in einem fort ‚Frau Pfarrer‘, aber er kommt gern mit in Rudolfs Arbeitszimmer und erklärt Gunhild, worum es geht.

Unterdessen liest der große Da dem kleinen vor, was auf dem Blatt steht:

EINLADUNG

zum Sommerfest im Westerndorf in der Südstadt.
Am Sonntag, dem 10. Juli, findet im Westerndorf „Sioux-Montana” das große Sommerfest statt.
Neben Vorführungen des Clubs und zahlreichen Spielen für die Kinder unserer Mitglieder bieten wir Grillwürstchen und Schwenkbraten, sowie Lagerfeuer und Feuerwerk.
Der Saloon wartet mit zahlreichen Getränken auf.

„Mann, Kleiner, das wird bestimmt astknorke!"
„Wann denn? Jetzt gleich? Gehn wir da gleich hin?"
„Nee, Quatsch, doch erst in drei Wochen!"
„Ach so, dann ist das langweilig, so lang noch!" Der kleine Da trollt sich zum Sandkasten, weil sowieso gerade Iffet und Tugol nach ihm und David rufen.
Der Zank mit Tugol ist längst vergessen, Tugol spielt natürlich nicht mit im Sand, er kniet sich neben David vors Wohnzimmersofa und liest Hefte mit ihm.

„Ein Herr Streit vom Indianerverein ‚Sioux Montana' war vorhin da", sagt Gunhild, als Rudolf ins Haus kommt.
„Was wollte der denn?" Rudolf packt seine Aktenmappe auf einen der Sessel in seinem Zimmer.
„Du siehst ganz schön müde aus, komm erst mal mit in die Küche, ich mach dir was zu essen. Wir andern haben längst gegessen, bei dir weiß man ja nie, wann du's schaffst."
„Ich wollte längst da sein", sagt Rudolf, das sagt er immer, wenn er so spät heimkommt und versprochen hatte, mittags da zu sein, „aber bei Grundigs gabs die üblichen Probleme, da konnte ich einfach nicht weg."
„Ich weiß, ich weiß", sagt Gunhild. Heute sagt sie es freundlich. Manchmal knatscht sie aber auch herum und behauptet, Rudolf hätte nie Zeit für seine Familie.
Heute knatscht sie also nicht, sondern brät drei Spiegeleier für Rudolf, auf Schinken, das mag er besonders gern.
„Salat ist noch da. Wo willst du essen, hier oder auf der Terrasse?"
Rudolf möchte draußen essen, und Gunhild deckt den Tisch noch einmal, holt sich selber eine Tasse Kaffee dazu.
Iffet und der kleine Da und noch drei andre Kinder spielen im Sandkasten, David und Tugol reden darüber, ob Superman oder

Batman besser sei, Judith ist mit ihrer Freundin im Schwimmbad.
Die Eltern sitzen am runden Tisch auf der Terrasse.
„Also, was wollte der Herr Streit?“
„Halt dich fest“, Gunhild lacht. „Sie haben in ihrem Indianerdorf draußen bei der Schrebergartenkolonie eine Wildwestkirche nachgebaut. Originalgetreu nach alten Plänen.“
„Und?“
„Sie wollen eine ökumenische Einweihung; wie er sagt, hat er den Josef schon gewonnen.“
Dani hört den letzten Satz mit, weil er erst jetzt gemerkt hat, daß sein Vater zurück ist. Dem will er natürlich schnell mal auf den Schoß klettern und ihn umarmen.
„Was hat der Rotti gewonnen? Ein Öku?“
Gunhild und Rudolf lachen.
‚Rotti‘ – Josef Rottbruck – ist Danis Patenonkel.
„Keine Öku, Dani, ‚ökumenisch‘ heißt, daß katholische und evangelische Leute im Gottesdienst mitmachen und dann auch zwei Pfarrer dabei sind. Aus jeder Kirche einer.“
„Ich weiß“, sagt Dani, „Rotti ist katholisch, deswegen darf er auch nicht heiraten, das hat er mir erklärt.“
Und dann will Dani noch wissen, ob kein katholischer Mensch jemals heiraten darf.
„Nur die Pfarrer nicht“, sagt Gunhild, „das weißt du doch, das haben wir dir schon hundertmal erklärt.“
„Versteh ich aber nicht, sag nochmal!“
Iffet hat aufgehört, im Sand zu buddeln und steht neben Rudolf, hört auch zu.
„Also, die katholischen Pfarrer sollen nicht heiraten und eine Familie haben, damit sie sich ganz um ihre Gemeinde kümmern können.“
„Unser Papa kann das nicht, er braucht auch Zeit für dich und

den großen Da und Judith – und natürlich auch für mich!"
Dani rutscht von Rudolfs Schoß, findet es nochmal doof, daß Rotti nicht heiraten darf, wo er doch Kinder so gern mag und vergißt den einen Unterschied zwischen katholisch und evangelisch bis zum nächsten Mal.

Im Haus klingelt schon wieder das Telefon.
David läßt sein ‚Superman gegen Mogul' liegen und rennt ins Arbeitszimmer.
Rotti ist dran.
„Grüß dich, David, na? Geht's gut? Gibst mir mal den Papa?"
Rudolf kommt schon, nimmt David den Hörer ab, sagt: „Du rufst bestimmt wegen diesem ökumenischen Apatschen an!"
David will mithören. Das mit dem Fest ist aufregend.
„Meinst du? Ja – na klar, ich finde es auch richtig, daß wir nicht bloß in unseren Kirchen drin bleiben. Hast recht! Mischen wir uns unters Indianervolk."
Was Rotti sagt, versteht David nicht.
„Die Predigt? Ich? Besser als du? Ach komm! – na gut, ich will mich da nicht drücken. Sag ihm mal zu, dem Streit, ja, tschüß, bis dann."
„Gehn wir zum Sommerfest?"
„Sicher, David!"

Lange Schlangen von geparkten Autos. Die Straße zum Indianerdorf ist eher ein Kuhpfad voller Pfützen, denn nachts hat es geregnet. Heute morgen ist der Himmel so klar wie ein frischgewaschenes Gesicht.
Aus den Autos steigen Damen mit langen gebauschten Röcken, die müssen sie hochraffen, wie Frauen in Cowboyfilmen; Männer steigen aus und schieben sich breitkrempige Lederhüte in die Stirn. Westen und Jeans, breite Gürtel und Pistolentaschen.

Der kleine Da hat auch so einen Gürtel um, und einen Hut hat er. Das sind zwar Karnevalssachen, aber immerhin.
Rudolf hängt sich seinen Talar über den Arm. Dani sagt: „Gleich verkleidest du dich auch, Papa."
„Sieht ganz so aus", lacht Rudolf.
In dem Moment knallt neben ihnen eine Autotür, und Josef Rottbruck ruft: „Hallo, ihr Baiermänner, alles okay?"
Josef Rottbruck ist ein Riese. Rudolf wirkt ganz schön klein neben ihm.
Dani schlingt sofort seine Arme um Rottis Knie, und Rotti hebt den kleinen Da auf seine Schultern.
Jetzt ist der kleine Da der Größte von allen.
„Päng, päng!" schreit er von seinem Riesenpferd herunter, dann läßt er die Hand schnell auf den Mund klatschen und johlt einen Indianerschrei hinterher.
Sein Riesenpferd trägt ihn unterdessen zum Eingang des Sioux-Dorfes.
Die schlammige Holperstraße liegt tiefer als das übrige Gelände, als wäre hier ein Tal oder sogar eine geheimnisvolle Schlucht. In Wirklichkeit sind die Hügel aber der Bahndamm auf der einen Seite und ein paar Schrebergärten auf der anderen.
Die Holperstraße ist vorn durch einen Maschenzaun versperrt. Allerdings ist ein Tor im Zaun, und das Tor steht weit offen. Dahinter ein alter Küchentisch, ein Mann sitzt dran, der verkauft rosafarbene Eintrittskarten. Die Karten sehen aus wie Himbeerpudding und sind aufgerollt.
Am Tor steht auch Herr Streit, legt sein Ledergesicht in Falten und streckt Rudolf und Josef seine Hände entgegen.
Dani zielt mit seiner Pistole auf den Sheriff.
„Nicht, Dani!" Gunhild biegt die Pistole weg und macht ihre Ärgerfalte über der Nase, „nicht auf Menschen schießen, das weißt du doch!"

„Ich spiel ja bloß!" mault Dani.
Judith mault auch, weil Herr Streit den Arm um sie gelegt hat. Das findet sie bescheuert und zischt es Gunhild ins Ohr.
Gunhild zischt zurück, daß man da eben nichts machen könne: „Geh drüber weg, der meint das nicht so."
Judith schüttelt ihre Mähne wie ein Pferd und behauptet, er meine es wohl so.
„Ich wollte sowieso nicht mit. Was soll ich hier, kannst du mir das verraten?"
„Jetzt hör auf!" faucht Gunhild leise, damit Herr Streit es nicht hört.
David sagt, daß er gleich zum Salon durchgeht. „Dort vorn. Ich guck mir das mal an. Ihr könnt mich ja nachher holen."
„Du bleibst jetzt hier! Erst ist Gottesdienst, klar?"
Gunhild packt Davids Handgelenk und hält es fest.
Das macht den großen Da auch sauer.
Die Männer merken anscheinend nichts. Rudolf hat seinen Talar über der Schulter baumeln, und Josef trägt einen Koffer in einer Hand. Mit der andern hält er Danis Bein fest. Dani reitet auf seinem Riesenpferd und knallt mit der Pistole wie ein echter Cowboy.
Mitten in der Western-Straße hält Herr Streit an. Schiebt ein hölzernes Tor beiseite.
Er führt alle in eine Art Nebenstraße. Die Häuser sind klein wie Gartenhäuschen und aus dunkel gefärbtem Holz. Die an der Hauptstraße sahen genauso aus. Vordächer haben sie, Laubengänge und Holztreppchen. Genau wie in Wildwestfilmen.
Hier drin duftet es nach gegrilltem Fleisch, und nach Rauch riecht es außerdem.
Vor den kleinen Fenstern stehn Kisten mit Geranien und Petunien, rot, weiß und blau.
„Hier ist mein Büro", lacht Herr Streit, „bitte!"

Das Büro hat eine so niedrige Tür, daß Rotti den kleinen Da erst von den Schultern nehmen muß, bevor er eintreten kann. Aber auch ohne den kleinen Da muß er sich zusammenklappen wie ein Taschenmesser. Gunhild und Rudolf ziehn auch die Köpfe ein, bloß Herr Streit paßt durch seine Tür.
Judith flüstert dem großen Da etwas ins Ohr, das klingt wie ‚doofer Kitsch'.
Modrig riecht es hier drin, und durch die winzigen Fenster dringt wenig Licht. Dafür baumelt eine Gaslaterne von der Zimmerdecke.
Herr Streit bittet alle um den Tisch. Uralte Möbel.
David sagt: „Unheimlich echt!"
Das muß auch Judith zugeben. Gunhild hält den kleinen Da mit beiden Armen fest auf ihrem Schoß, damit er nicht zu viel herumzappelt und am Ende etwas herunterwirft.
Hier steht überall Porzellan oder Glas herum. Die Tischdecke ist gehäkelt.
Frau Streit lächelt beide Backen zu runden glänzenden Äpfeln. So dick lächelt sie, und dick ist sie auch. Sie hat einen weiten Rock an und einen schwarzen Spenzer über der Bluse. Sie sieht aus wie eine Westernlady mit Apfelbacken. Schnaps bringt sie in lauter kleinen Gläschen auf einem runden Tablett, und unter den Gläschen liegt auch eine Häkeldecke. Eine ganz winzige.
„Ich habe Durst!" jammert der kleine Da, als er den Schnaps sieht. Natürlich mag er keinen Schnaps, sondern Sprudel.
Frau Streit kneift den kleinen Da in die Backe und zieht dran: „Kriegst du, mein Schätzchen, ich hol dir Saft."
„Warum hat sie mich in die Backe gekneift?" fragt der kleine Da. Er ist ein bißchen erschrocken, darum fragt er leise.
„War nur Spaß", sagt Gunhild.
Kneifen ist doch kein Spaß, denkt Daniel verwundert, oder bei den Erwachsenen doch?

Nach dem Schnaps und dem Sprudel verziehn sich die Pfarrer, weil sie sich umkleiden müssen. Der Gottesdienst wird in einer viertel Stunde anfangen. Jetzt bimmelt zum erstenmal die kleine Glocke in der Holzkirche. Und die Holzkirche soll ja heute eingeweiht werden.
Gunhild schiebt den kleinen Da hinterm Tisch vor und sich selber nach: „Frau Streit, herzlichen Dank, wir schauen uns ein bißchen um!“
Draußen holt vor allem Judith tief Luft. Sie sagt, Frau Streit wäre reichlich blöd.
Gunhild sagt, Judith solle endlich mit dem Gemecker aufhören.
Der kleine Da und der große Da rennen die Hauptstraße entlang. Die mündet in einen freien Platz, auf dem eine Ziege und ein Zicklein weiden. Ein buntgeschnitzter Totempfahl ragt aus der Platzmitte. „Wie bei Karl May“, schreit David. Die Ziegen sind angepflockt. Ein paar richtige Pferde stehn in einem Verhau und hängen die Mähnen in den Sommerwind. Bei denen bleibt Judith stehen. Pferde mag sie. Die sind nicht kitschig.
Auf der Wiese ist schon eine Menge los. Man baut Buden auf. Eine, da stehn Blecheimer, in die man Bälle werfen muß; eine, da sollen später Waffeln gebacken werden; eine andre besteht fast nur aus einem riesigen Tisch voller feuchter Tonballen, da dürfen die Kinder kneten und die fertigen Sachen nachher mitnehmen.
Der Saloon ist natürlich schon jetzt voller Cowboys. Einen richtigen Balkon aus Holz hat er auch, der Saloon. In Westernfilmen purzeln die bösen Leute immer von solchen Balkonen.
Der kleine Da möchte gern jetzt schon kneten, aber Gunhild sagt, „erst hören wir, was Papa und Rotti predigen, ja?“

In der winzigen Kirche kommt man sich vor, als sei alles ein Traum. Die Leute sehen aus wie vor hundert Jahren. Gerappelt

voll ist es auch. Keine Handbreit Platz auf den unbequemen Holzbänken.
Ganz neu ist das Harmonium auch nicht, es jammert und stöhnt, wenn es ein Lied anstimmen soll. Macht nichts, dafür singen die vielen Leute um so lauter.
Rotti sieht schön aus. Ganz weiß verkleidet mit einem Umhang aus Grün und Gold.
„Warum ist der Papa nicht so schön angezogen?“ wispert der kleine Da in Gunhilds Ohr.
„Weil er evangelisch ist, die haben eben nur schwarze Talare“, wispert Gunhild so nah an Danis Ohr, daß es kitzelt.
Dani kniet sich auf ihren Schoß, streicht ihr die Haare vom Ohr weg und wispert genauso nahe: „Wenn ich groß bin, werde ich katholisch wie der Rotti!“
Gunhild gibt Dani einen Kuß auf die Stirn.
Als alle aufgehört haben mit dem Singen, liest Josef Rottbruck mit seiner lauten Stimme eine Geschichte vor. Vom König Salomo handelt die, der einen Tempel gebaut hat, eine Kirche für Gott, ganz aus Holz. Aber dann hat König Salomo laut gebetet und gesagt, daß Gott in keinem Tempel wohnt, denn Gott ist so groß, daß ihn nicht einmal der Himmel fassen kann. Ein Haus erst recht nicht. Weil das eine Geschichte von ganz früher ist, die man so nicht gut verstehen kann, wird Rudolf den Menschen diese Geschichte erklären.
Der kleine Da weiß, daß man das predigen nennt. Er möchte schon gern zuhören, was sein Vater alles sagt, aber Rudolf spricht so, wie er auch sonst mit Erwachsenen spricht. Lauter schwierige Sätze und dicke Wörter, die man nicht verstehen kann.
Der kleine Dani fühlt sich ganz gespalten. Wie sein Papa da vorn steht, und alle Leute gucken ihn an und hören zu. Das ist toll. Da ist er stolz. Aber es dauert auch furchtbar lange, bis Rudolf alles

erklärt hat, warum Gott in keinem Haus wohnen kann. Dem kleinen Da ist das sowieso klar; für ihn wohnt Gott im Himmel und fliegt über die ganze Welt, damit er bei allen Menschen sein kann. Also kann er nicht in einem Haus bleiben. In einer Kirche schon gar nicht. Da müßte sich der liebe Gott aber langweilen, denkt Dani, hier darf man nichts sagen, und hier soll man still sitzen.

„Mutti, ich will raus!"

„Psst, laß mich zuhören!" wispert Gunhild. Auch David und Judith hören zu. Allein kann Daniel nicht gut nach draußen. Er versucht es nochmal. Hängt seine Gedanken an die langen Sätze dran, die sein Papa macht.

„Wenn ich diese Kirche einweihe, dürfen wir nicht vergessen, daß Gott auch außerhalb der Kirche wohnt", sagt Rudolf. „Gott läßt sich nicht in ein Haus einsperren. Er will überall bei uns sein, im Indianerdorf ebenso wie bei euch zu Hause. Es gibt keinen festen Ort, wo Gott wohnt. Er wohnt überall, auch in unseren Herzen. Aber wir können dieses Haus gebrauchen, wenn wir uns versammeln und mit Gott reden, miteinander singen und uns freuen. Die Freude wollen wir hinaustragen und in unserem fröhlichen Fest nachher fortsetzen."

Wie dann endlich der Gottesdienst aus ist, fängt wirklich ein schönes Fest an. David gewinnt Bogen und Pfeile in einem richtigen Köcher beim Bällewerfen, der kleine Da knetet einen großen Elefanten und ißt fünf Waffeln mit Puderzucker. Einen Luftballon und eine Tüte mit Gummibären gewinnt er an der Losbude. Rotti trägt ihn auf den Schultern herum, als er müde wird. Da strecken viele Leute ihre Hände zu ihm herauf, streicheln und begrüßen ihn. Eine Frau, die er gar nicht kennt, schenkt ihm einen Lutscher, und ein Mann, den er auch nicht kennt, hebt ihn von Rottis Schultern und setzt ihn auf ein Pony.

Abends haben Daniel und David noch lauter Geschmack von Schokolade, Würstchen und Eis im Mund, der Geschmack geht auch beim Zähneputzen nicht weg. Es ist aber ein schöner Geschmack, fast wie ein Traum.

Der Mofatyp

Nachmittags knattert jetzt immer so einer auf dem Parkplatz herum. Der hat ein knallrotes Mofa, und einen roten Schutzhelm hat er auch. Die andern Jungen stellen ihre Mofas am Jugendheim ab, aber der, der fährt in Schlangen um die Bäume auf dem Parkplatz und macht Krach.
David kennt ihn.
„Seit wann denn?“ fragt Gunhild.
„Seit dem Indianerfest. Da waren noch paar andre dabei, wir sind zusammen auf den Pferden geritten. Judith auch.“
„Kennt Judith den auch?“
„Glaub schon.“
Gunhild sagt: „Ach so.“
David verschwindet auf die Terrasse, schwingt sich über den Jägerzaun und läuft zum Parkplatz.
Der Typ bremst sein Mofa, nimmt den Helm ab und begrüßt David. Unterm Helm hat der Typ einen dunkelbraunen Lockenkopf. Mit den Augen kann er lachen, und vom Lachen kriegt er Grübchen in die Backen.
„Ist deine Schwester auch da?“ fragt der Typ.
„Weiß nicht, wieso willst'n das wissen?“
„Nur so, ist nicht wichtig.“ Dabei hört sich die Stimme vom Mofatyp ein bißchen kratzig an, wie er sagt, „ist nicht wichtig.“
„Kann ich hinten aufsitzen?“
„Klar!“
Der Typ fährt lauter Schlangen um die Bäume vom Parkplatz.

Der kleine Da guckt vom Küchenfenster aus zu.
Gunhild brüht Kaffee auf, weil Rudolf gleich fünf Kollegen zu einem Arbeitsgespräch da hat.

„Judith! Komm und hilf mir mal den Tisch decken!“ ruft Gunhild in den Flur.
„Jaaa! Gleich!“ schreit Judith von irgendwo oben zurück.
„Darf ich auch mal Mofa fahren?“ fragt der kleine Da dazwischen.
„Wieso Mofa?“ Gunhild zählt Tassen und Teller ab. Hört aber mit einemmal auf. „Wo denn? Wer fährt, daß du ‚auch‘ sagst?“
„Guck doch, der Typ läßt David fahren.“
„Also das ist doch!“ Gunhild stellt die Tassen so hastig weg, daß es klappert. Schon rennt sie hinaus. Der kleine Da hört, wie sie „gefährlich!“ ruft.
Judith steht plötzlich hinter dem kleinen Da. Judith kann schleichen wie eine Indianersquaw. Ihr langes Haar fällt über das Gesicht vom kleinen Da. Judiths Haar ist seidig wie Katzenfell, es riecht nach Kräuterschampoo, ganz frisch.
„Das gibt's doch nicht!“ plötzlich schnauft Judith laut und zieht ihr Katzenhaar wild zurück, als ob sie wer erschreckt hätte.
„Das ist bloß der Typ, der war gestern auch schon da und vorgestern auch.“
„Warum habt ihr mir das nicht gesagt?“ Dani fährt herum und schaut in Judiths Gesicht. Es ist ganz blaß, und kalte Hände hat Judith auch.
„Hast du Angst vor dem Typ? Der tut dir nichts, der ist nett. Gestern hat er mich auch auf seinem Mofa sitzen lassen, aber bloß im Stehn.“
„Nett – pah!“ macht Judith. Da kann Dani nicht erraten, wie sie das meint. Bloß ihre Haare wirft sie hinter sich, außerdem rollt sie mit den Augen, als wäre sie böse. Aber sie nimmt Danis Hand in ihre eiskalten Finger.
„Komm, wir gehn nach oben, ich spiel mit dir.“
Da soll ein Mensch seine große Schwester verstehn. Nie hat sie Zeit zum Spielen, und jetzt, jetzt hat sie. Dabei will Dani gar

nicht spielen. Er will lieber zugucken, wie der Typ den großen Da herumfährt, und noch lieber will er selber auf dem Mofa fahren.

„Nee", sagt er deshalb, „ich geh raus!"

Draußen verhandelt Gunhild mit David und dem fremden Jungen. Sie kommen dem kleinen Da entgegen, und der Junge schiebt das Mofa, dann kettet er es an den Gartenzaun.

„Laß uns, wir gehn in mein Zimmer", sagt der große Da und schiebt den kleinen beiseite wie ein altes Spielzeug, das man nicht mehr braucht.

Das tut dem kleinen Da weh. Er heult los. Erst darf man nicht Mofa fahren und dann wird man weggeschoben. Gunhild trägt ihn hinter dem größeren Jungen her und tröstet ihn.

Von Judith ist nichts zu sehen.

Gunhild ruft nach ihr.

„Was ist denn, Guni?" So freundlich antwortet Judith sonst nie. Außerdem sagt sie sonst ‚Mutti'.

„Tischdecken!"

„Aber ja, mach ich!"

Judith hüpft die Treppen herunter, an David und dem Typ huscht sie vorbei, als ob sie weder den einen, noch den andern sehen würde. Als ob die zwei völlig unsichtbar wären, Tarnkappen aufhätten oder so; dabei streift ihr Haar fast das Gesicht von dem Typ. Der guckt auch hinter Judith her, aber er sagt nichts.

„He, komm, wir wollten doch –", der große Da schüttelt den Typ am Ärmel. Da geht der mit.

Judith hat den Tisch gedeckt. Sie nimmt den kleinen Da mit in ihr Zimmer. Dort steckt sie eine Kassette in ihren Rekorder. Eine von denen, die so ein tolles Gefühl im Bauch machen und auf der Haut kribbeln. Der kleine Da tanzt auch gern zu so einer Musik. Heute nimmt Judith ihn an den Händen und tanzt mit.

„Macht doch nicht so'n Lärm!“ Der große Da glotzt durch die Tür, und hinter ihm guckt der Typ ins Zimmer.
Judith hält mitten im Herumschwingen an. Ihre Hände zittern in Danis Händen.
„Wieso Lärm?“
„Laß, David“, sagt der Typ.
Judith dreht den Rekorder leiser.
„Ihr könnt ja reinkommen und mithören, ist mir egal“, sagt sie. Es klingt aber eher wie: „Macht, daß ihr rauskommt!“ Oder klingt es wie: „Geht bitte nicht gleich wieder?“ Man kann es unmöglich erraten. Der kleine Da läßt Judith los und huscht weg, die Treppe runter, raus – Iffet abholen. Da weiß man, wo man dran ist!

Abends sitzt Gunhild an Danis Bett, und beide sprechen über den Tag.
„Darf ich morgen Mofa fahren, wenn der Typ wieder kommt?“
„Der ‚Typ‘ heißt Gerd Friedemann, Dani.“
„Gerd?“
„Ja. Und den mußt du ein bißchen in Ruh lassen, der möchte sich mit Judith befreunden und weiß nicht, wie er es anfangen soll.“
„Warum weiß er das nicht?“
Gunhild lacht und zuckt die Schultern, „er mag Judith ganz besonders, und das kann er ihr nicht so sagen.“
Der große Da tönt vom oberen Bett herunter: „Die sind ineinander verknallt, das merkt doch jedes Kind!“
„Na ja – so kannst du's auch ausdrücken“, sagt Gunhild.
„Ich find' Judith so richtig doof, wie die schon tut, wenn Gerd da ist – typisch Mädchen, so blöd“, der große Da gibt seiner Stimme einen spöttischen Ton. Er möchte Judith ganz häßlich machen mit seinen Worten. Er möchte sie weit von sich wegschieben. Ihn stört sie nur. Schließlich hat Gerd nachher den

ganzen Nachmittag bloß noch mit ihr zusammen gesessen. Geredet haben die zwei kaum was; aber ihn, den großen Da, hat Gerd nicht mehr beachtet. Bloß Musik gehört hat er und ab und zu Judith angeschaut.
„Judith ist lieb, gar nicht doof“, sagt der kleine Da.
„Ich verknall mich nie in ein Mädchen, nie – solche blöden Weiber!“ Der große Da wirft sich in seinem Bett von einer Seite auf die andre.
„Sag nicht ‚Weiber‘, das ärgert mich. Frauen sind genauso Menschen wie Männer“, sagt Gunhild, „oder bin ich in deinen Augen auch ein ‚Weib‘? Na, wart nur ab, in ein paar Jahren redest du anders.“
„Ich?“ schreit David, „ich? – nie!“

Später, als Gunhild weg ist, fragt der kleine Da den großen: „Warum magst du Mädchen nicht leiden?“
„Weil sie doof sind!“
„Iffet ist aber nicht doof.“
„Doch, die auch!“
„Gar nicht! Wenn ich groß bin, heirate ich Iffet.“
„Die Ziege?“
„Ist keine Ziege!“
„Dann heirate sie eben, ist mir doch egal!“
Mit dem großen Da kann man über so ernste Sachen einfach nicht reden. Besser, man versucht es morgen mit Judith, denkt der kleine Da, bevor er einschläft.

Aber auch mit Judith kann man nicht ernsthaft reden. Die wird bloß knallrot wie eine Tomate und schreit einen an: „Ich? Den Gerd heiraten? Du spinnst, Dani!“
Am besten, man fragt Iffet gleich direkt, ob sie einen will. Als beide in der Schaukel sitzen, fragt Dani.

Iffet wird nicht knallrot, sie schreit auch nicht. Sie guckt nicht mal erstaunt. Nein, sie schaukelt weiter, als wäre gar nichts und sagt: „Ist gut, wir können heiraten, wenn du willst."

„Heiraten?" Gunhild drückt Heftklammern in kleine Papierbündel. Auf den Blättern stehn Noten für den Kirchenchor.
„Also du willst Iffet jetzt schon heiraten, nicht erst wenn ihr erwachsen seid?"
„Jetzt! Iffet will das auch. Stimmt's Iffet?"
Iffet nickt bloß.
„Ja, na ja –", Gunhild heftet weiter ihre Papierbündel für den Chor. „Dann sucht euch mal einen Pfarrer, der euch traut."
Gunhild hat das nur so gesagt, aber Dani und Iffet finden die Idee prima. Einen Pfarrer? Tugol könnte den spielen oder David. Aber dann überlegt der kleine Da sich die Sache. Nein, es muß ein richtiger Pfarrer sein. Papa! Oder noch besser: Rotti. Der soll seine schönen Gewänder anziehen, und Iffet bekommt ein weißes Kleid und einen Schleier, und Guni muß Waffeln backen.

Hochzeit mit Iffet

„Das kann ich leider nicht machen, mein Schatz", hat Rotti gesagt. „Ich darf nur Erwachsene trauen, die Kinder haben wollen. Die liturgischen Gewänder gehören mir auch nicht. Die leih' ich mir nur, wenn ich Messe lese. Aber natürlich komme ich, wenn du Iffet heiraten willst!" Zum Spiel war Rotti sofort bereit.

Endlich ist Sonntagnachmittag, und die Erwachsenen haben Zeit. Tugol und die Eltern von Iffet bringen süßes Gebäck mit. Für Rotti hat Gunhild eine rote Samtdecke aus der Kiste mit alten Sachen geholt. Ein weißes Nachthemd zieht er über seinen Anzug und hängt sich die Decke um. David behauptet, er sähe aus wie ein Nikolaus ohne Mütze.
Iffet sieht aus wie eine Braut. Gunhild hat die Gardine extra gewaschen. Einen Kranz aus Rosen und Margeriten hat Judith geflochten. Judith ist überhaupt ganz nett und hilft Iffet beim Verkleiden.
Rotti legt dann Danis Hand in Iffets Hand und fragt: „Wollt ihr euch heiraten, dann sagt: ‚Ja'."
Beide sagen „Ja". Iffet wird doch rot bis zu den Ohren.
„Dann gratuliere ich dir, Dani, und dir auch, Iffet!" Rotti schüttelt beiden die Hände, und die andern Erwachsenen klatschen. Beim Kaffeetrinken sitzen Dani und Iffet nebeneinander am oberen Ende des Tisches.
Die rote Schleife aus Kreppapier, die ihm Judith umgebunden hat, drückt. Dani reißt sie ab. Iffets Kranz verrutscht sowieso. Da hilft ihr Judith aus dem Schleier.
Bei den Erwachsenen dauert das Kaffeetrinken immer furchtbar lange. Die reden und reden.
David und Tugol ziehn auf dem Parkplatz längst ihre Runden

mit den Fahrrädern. Dani und Iffet schaukeln, graben im Sand, werfen sich den Ball zu.

Mit einemmal knattert Gerd Friedemann auf den Parkplatz. Diesmal ist er nicht allein. Auf dem Rücksitz sitzt jemand sehr Kleines mit einem riesigen blauen Sturzhelm. „Steig ab, Franzi", sagt er und zu Dani: „Franzi ist meine Schwester. Sie ist genauso alt wie du!"

Dani und Iffet lassen den Ball wegrollen.

Franzi pult sich aus dem Helm. Sie ist kleiner als Iffet. Blonde Ringellocken hat sie und Augen wie Sterne. Ihre Stimme ist sehr zart und ihre Haut weiß. Franzi ist schön wie eine Fee.

Aber sie kann rennen! Schneller als Iffet. Sie kann schaukeln, wilder als Iffet. Ihr fallen lauter tolle Spiele ein, und Iffet sagt immer nur: „Machen wir", wenn Dani etwas vorschlägt.

„Du bist ‚Zorro' und ich ‚Schwarze Peitsche' ", sagt Franzi.

„Und was bin ich?" fragt Iffet, die frischgebackene Frau von Dani.

„Du kannst ‚Fuzzi' sein, der Banditenschreck", schlägt Franzi vor.

Da bekommt Iffet einen alten Hut auf den Kopf und kann schaun, wie sie hinter ‚Zorro' und ‚Schwarze Peitsche' herläuft. Dani schwingt ein Stück Wäscheleine um jeden Strauch hinter der Kirche. „Das sind die Stiere, die wir fangen!" ruft er, und Franzi ruft: „Meiner bäumt sich auf, hilf mir, Zorro!"

Iffet wirft ihren alten Hut ins Gras und rennt in den Garten zurück. Ihr Herz fühlt sich ganz geschwollen an, so traurig ist sie. Am Schaukelgestell lehnen Judith und Gerd, Judith füttert Gerd mit einem Stück Kirschkuchen.

Mit Iffets und Danis Hochzeitskuchen! Und jetzt! Jetzt hat Dani nur noch diese neue Franzi im Kopf!

Iffet setzt sich in den Sandkasten und schleudert Sandfontänen

mit den Schuhen hoch. Nur leider fällt auch das keinem Menschen auf.
Erst als die Großen mit dem Kaffeetrinken fertig sind, erst als Iffets Eltern sich verabschieden, fragt Rudolf Baiermann: „Na, Iffet, wo ist denn dein Dani?"
„Weg!" sagt Iffet, „weg mit Franzi!" Endlich kann sie ihre Tränen laufen lassen.
Judith und Gerd müssen erst erklären, wer Franzi überhaupt ist. Nachher rufen und suchen alle gemeinsam nach Daniel und Franzi, finden aber nur ‚Zorro' und die ‚Schwarze Peitsche'. Gunhild hält Dani am Handgelenk fest, zieht ihn nahe zu sich: „Warum läßt du Iffet einfach sitzen?"
„Laß mich!" der kleine Da zerrt und wehrt sich, „ich bin Zorro, ich will mit Franzi weiterspielen!"
„Tut mir leid", sagt Gunhild zu den Eltern von Iffet, „die beiden werden sich schon wieder vertragen!"
Iffets Vater lacht: „Sind ja Kinder!" tröstet er sich und Gunhild.
„Iffet, los komm, du bist doch Fuzzi!" schreit Franziska Friedemann hinter den Holunderbüschen vor. „Wir greifen an, Achtung!"

Judith strickt etwas. Das wird lang und dunkelblau.
„Was wird das?" fragt der kleine Da. Judith sagt: „Ein Schal für Gerd."
Der kleine Da setzt sich neben Judith auf ihr Bett. Judith hat es tagsüber mit einer Wolldecke zu einem Sofa umgebaut. Ihre Puppen von früher sitzen drauf und der Stoffbär Polli mit der Gärtnerschürze auch.
„Du, Judith, bringt der Gerd die Franzi wieder mit?"
„Magst du die?"
„Klar, viel lieber als die Iffet."
„Aber Iffet hast du doch geheiratet."

„War doch nur ein Spiel. Ich heirate lieber die Franzi auch noch."
Judith lacht. Dann sagt sie: „Man kann aber nicht mehr als eine Frau haben."
„Warum nicht?"
„Das *ist* eben so. Es geht nicht, jedenfalls hier bei uns. Außer – außer man wird Ölscheich, die haben mehrere Frauen."
„Werd ich eben Ölscheich!" beschließt der kleine Da.

Was aus einem wird, wenn man stirbt

Herr Gruber hilft im Gemeindebüro aus. Manchmal bringt er einen Umschlag voller Zettel bei Baiermanns vorbei. Herr Gruber hat einen kleinen Kopf zwischen hochgezogenen Schultern. Immer trägt er schicke Anzüge und hat seine wenigen Haare straff aus dem glatten Gesicht gekämmt. Das Besondere an Herrn Gruber aber ist seine Stimme. Eine schnarrende Gespensterstimme. So jedenfalls nennt sie der große Da. Er kann diese Stimme auch nachmachen. Dabei zieht er den Magen ein, holt Luft und bewegt die Lippen kaum.
„Das ist Bauchreden!"
Der kleine Da versucht sich auch im Bauchreden.
Gunhild schüttelt den Kopf. „Laßt das bitte. Über Herrn Gruber dürft ihr keine Witze machen. Er ist sehr krank. Er hat überhaupt keine Stimmbänder mehr. Die mußte man ihm herausoperieren. Jetzt hat er ein Gerät eingesetzt, über das kann er zwar sprechen, aber eben nur so seltsam!"
„Ich kann doch trotzdem bauchreden üben, oder?" sagt der große Da. Aber es ist ihm schon peinlich, daß er sich über Herrn Gruber lustig gemacht hat.

Inzwischen hat der Herbst längst die Platanen gekämmt. Alle Blätter hat er weggerissen und haufenweise über den Parkplatz geblasen. Seit Tagen atmet der November Nebel aus. Der Nebel mischt sich mit Staub und Dreck aus den Schloten, legt sich als schwarzer Schmier auf Fensterbänke und Steintreppen.
Morgens hat David überhaupt keine Lust aufzustehen. Er horcht in seinen Kopf und in seinen Hals hinein. Tut wirklich nichts weh? So ein ganz winziges bißchen Grippe, nur gerade so viel, daß Gunhild ihn verwöhnen müßte. Schön wär das!

Weil ihm aber rein gar nichts fehlt, steht David eben doch auf und duscht sich. Er hat heute erst spät Unterricht. Während er sich anzieht, hört er Judith im Flur ‚tschüß' rufen und die Haustür gehn.

Die andern sitzen in der Wohnküche beim Frühstück. Der kleine Da im Schlafanzug leckt sich jeden Finger einzeln ab. Er hat Honig auf dem Brot. Es duftet überhaupt ganz gemütlich in der Küche. Nach warmem Kakao und frischen Brötchen und nach dem Kaffee, den seine Eltern trinken. David köpft sein Ei, streut Salz auf das weiche Gelbe innen und löffelt. Seine Eltern besprechen, was heute alles los sein wird. Normalerweise hört David da gar nicht zu. Lauter Termine, die ihm nichts bedeuten.
Jetzt aber horcht er auf.
„Daß es so schnell ging, hätte ich nicht gedacht", sagt Gunhild.
„Ich schon. Nach *der* Operation mußte man damit rechnen."
Der kleine Da sagt mit seiner munteren und lauten Morgensfrühstimme: „Du, David, der Herr Gruber, der ist jetzt tot und beim Gott gelandet."
„Gelandet!" David ist erschrocken und muß trotzdem über Danis Ausdruck lachen. „Beim Gott gelandet! Du sagst Sachen, Dani!"
„Ich habe gerade versucht, ihm das zu erklären", sagt Gunhild.
„Erklären ist falsch", unterbricht Rudolf sie, „wir können nicht erklären, was passiert, wenn man tot ist."
David schiebt sein Ei weg, schaut von seinem Vater zu seiner Mutter. Rudolfs Gesicht ist eng geworden, als ob es sich nach innen gezogen hätte. Komisch, daß sein Vater immer so ein Gesicht macht, wenn ihn etwas sehr trifft.
„Ich meine das auch nicht so", sagt Gunhild, „aber ich bin sicher, daß die Seele eines Menschen wirklich aus dem Körper herausgeht oder fliegt – und wir beerdigen nur den Körper."

„Wird sie dann ein Vogel, die Seele vom Herrn Gruber?" fragt der kleine Daniel.
„Nein", sagt Gunhild und streichelt ihm über die Honigbacke.
„Ich finde es nicht gut, wenn man zu genaue Vorstellungen hat", sagt Rudolf mit seinem engen Gesicht, und Gunhild ruft: „Wieso nicht? Ich *muß* mir dazu meine eigenen Gedanken machen können."
„Durch die Bibel wissen wir nur, daß Gott uns auch dann festhält, wenn wir nicht mehr leben. Das ist alles. Aber das können wir glauben. Ist das nicht schon sehr viel?"
„Mir zu wenig", sagt Gunhild. David kennt auch bei seiner Mutter dieses Gesicht: Hitzig schaut sie, als wäre sie gerade gegen den Wind gerannt.
Jetzt fangen sie an zu streiten, denkt der große Da. Warum bloß? Kann nicht jeder das denken, was er will? Und er horcht noch einmal in sich selber hinein. Diesmal nicht, ob ihm was weh tut; diesmal sucht er seine eigenen Gedanken. Gar nicht leicht, wenn man noch die Sätze von den Eltern in den Ohren hat.
Seine Mutter schlägt dem Vater ohnehin ihre Vorstellungen um den Kopf. Daß die Inder viel mehr über Tod und Leben wüßten als wir hier, sagt Gunhild. „Ich glaube, daß man in einem Kreislauf aufgefangen wird. Vielleicht wird man mehrmals geboren."
Glaube ich das auch? überlegt der große Da. Und bin ich dann immer ich selber?
„Wird der Herr Gruber jetzt ein Vogel, Mutti?" fragt der kleine Da nochmal.
„Ich weiß nicht. Vielleicht wird er ein neuer Mensch. Vielleicht bleibt er aber auch bei Gott."
„Ich will auch ein Vogel werden. Eine Möwe. Dann flieg ich überall herum." Der kleine Da rutscht vom Stuhl, breitet beide Arme aus und kreist um den Frühstückstisch. Stößt Schreie aus, schrill und laut wie eine Möwe.

„Kannst du das bitte im Kinderzimmer machen?" Gunhild schreit auch. „Ich möchte mit Papa reden, verstehst du?"
„Komm, Dani", der große Da schiebt die Möwe vor sich her in den Flur. „Ich geh mit rauf, ich muß sowieso noch meine Tasche packen."
Die Eltern reden heftig weiter. Ihre Stimmen umkreisen einander und fallen sich an; David denkt, daß sie mit den Stimmen kämpfen, wie er mit Fäusten kämpft.
Er weiß immer noch nicht, was er selber über das Sterben denken soll. Herr Gruber ist tot. Er war sehr krank gewesen und hatte zuletzt nicht einmal mehr seine eigene Stimme. Ist irgendwie gut, daß so jemand aus seinem Leben herauskann. Oder hat Gott ihn herausgenommen? Vati würde das so sagen. Ich bleibe bestimmt ich selber, auch wenn ich tot bin. Es kann gar nicht anders sein, denkt David. Mist, auch noch so traurige Gedanken an so einem Nebeltag!
David packt seine Schulmappe. Der kleine Da kreischt immer noch wie eine Möwe im Sturzflug.
Herr Gruber ist tot. Komisch – er wird nie mehr vor der Tür stehen und Blätter abgeben. David hört die schnarrende Stimme, sieht, wie Herr Gruber den Zeigefinger unter seinen Kehlkopf drückt. Mehr weiß ich gar nicht von ihm, denkt David, und daß er wirklich tot ist, ganz wirklich? Ich kann mir das eigentlich nicht vorstellen.
Im unteren Flur schlüpft David in seine Regenjacke. Gunhild läuft aus der Küche, nimmt auf einmal seinen Kopf in beide Arme und drückt David an sich. „Tut mir leid, daß Rudolf und ich so heftig waren, vorhin. Es trifft uns halt immer wieder, wenn Menschen so jung sterben müssen."
„War Herr Gruber noch jung?"
„So alt wie ich, David!"
„Ach so."

„Du mußt los, gib gut auf dich acht."
Am liebsten möchte er noch eine ganze Weile so stehnbleiben, Gunhilds Arme spüren und einatmen, wie sie riecht. Nach Zuhausesein riecht seine Mutter. Schade, daß er weg muß.

Wenn's regnet, weint der liebe Gott

Dani steht am Fenster in der Küche und haucht die Scheibe voll. Seine Mutter sagt: „Dani, bitte laß, sonst muß ich gleich wieder wischen, und ich hab so viel zu tun jetzt vor Weihnachten."
Dani tut aber, als ob er nichts hört und läßt seinen Finger über die angehauchte Scheibe gleiten. Die Scheibe fühlt sich schön kühl an. Dani malt ein Gesicht, und das hat einen Bart. Dann setzt er dem Kopf eine Mütze auf.
„Guck mal, das ist der Nikolaus!" Gunhild guckt aber nicht nach dem Nikolaus. Sie ist im großen Wandschrank untergetaucht und wischt die Regalbretter und ordnet die Lebensmittelvorräte und mistet aus, was unbrauchbar geworden scheint.
„Muttiii", Daniel zieht das lange ‚iii' in die Höhe, daß es fast schon schrill klingt. „Muttiii, ich wünsch mir Schnee zu Weihnachten. Das wär toll. Der liebe Gott kann doch Schnee machen? Der kann doch alles, hat die Schwester Ignatia gesagt."
Schwester Ignatia leitet den Kindergarten, den auch Dani manchmal besucht. Die evangelische Gemeinde hat keinen eigenen, und der von St. Peter ist ganz nahe, nur über den Parkplatz muß man gehn, und schon ist man dort.
„Ja, ja", ruft Gunhild aus dem Wandschrank und hat eine tiefe Stimme, die außerdem noch dumpf klingt und ungeduldig sowieso, „der liebe Gott kann zwar alles, aber zum Schneemachen hat er bestimmt keine Zeit, verlaß dich drauf."
„Wieso?" fragt Daniel. Er klettert vom Fenstersims, „wieso hat er keine Zeit?"
„Weiß ich nicht, ich hab jedenfalls jetzt auch keine Zeit. Warum bist du nicht in den Kindergarten gegangen? Schwester Ignatia hätte Zeit für dich."
Bevor Dani etwas sagen kann, klingelt die Türglocke. Gunhild

wirft verärgert den Lappen in den Eimer, wischt sich die Hände an den Jeans ab und spurtet zur Tür.
Dani tappt hinterher.
Zwei junge Leute sind es. Sie wollen zu Rudolf. Der soll sie trauen. Gunhild bittet die beiden ins Arbeitszimmer, vergleicht Termine und notiert, wann sie zum Traugespräch kommen können. Kaum sind die beiden weg, klingelt das Telefon und Gunhild spricht lange in die Muschel, da trollt sich Dani ins Kinderzimmer.

Später kommt der große Da aus der Schule und Judith auch. Der große Da hat ein ‚gut' im Aufsatz und riesige Lust, nicht nur Aufsätze, sondern Bücher zu schreiben. Er schleppt sich Rudolfs Schreibmaschine ins Zimmer, spannt einen Bogen ein, guckt finster und ernst. „Psst", sagt er zum kleinen Da, „stör mich nicht, ich muß mich konzentrieren."
Judith hat auch keine Zeit, sie muß gleich nach dem Mittagessen zu ihrer Freundin, und vorher muß sie noch ihre Jeans enger nähen. Sie sticht sich andauernd, weil der Stoff so sperrig ist, und zum kleinen Da sagt sie: „Zieh Leine."
Rudolf ist an so einem Tag vor Weihnachten sowieso nicht zu gebrauchen, und Gunhild fragt hastig: „Gehst du mit rüber in den Saal, Dani, oder was hast du vor?"
Im Saal ist wieder so eine Weihnachtsfeier. Nicht die schöne vom Altenclub, bei der der Nikolaus kommt und einem was schenkt. So eine langweilige ist heute, nur mit Kerzen und Liedern, und der Vater wird eine Geschichte vorlesen, die man sowieso nicht versteht. Nein, da will Daniel nicht mit.
Zum Glück klingelt wieder mal die Türglocke, und es ist Iffet. Sie hat ihre schickste Pumphose an und ein geblümtes Kleid drüber, und ein Kopftuch hat sie auf dem Kopf.
Iffet hat Zeit, viel Zeit zum Spielen.

„David, du schaust doch nach den Kleinen?“ ruft Gunhild und schlüpft in den Mantel.
„Ja, okay, ich mach alles“, ruft der große Da und tippt und klappert mit der Schreibmaschine.
Iffet und Dani spielen mit den Playmobil-Puppen. Sie bauen die Wüstenlandschaft um und lassen den Safari-Jeep alle braunen Gnus einfangen.
Dann haben sie Durst und holen sich was aus der Küche. Iffet will unbedingt in Rudolfs Arbeitszimmer gucken. Da stehn so viele Bücher herum, das findet sie toll.
Da steht auch eine Büchse mit Deckel und einem Schlitz im Dekkel.
Die Büchse klappert. Iffet stellt sie gleich wieder weg. „Da ist Geld drin, nicht wahr?“
Dani ist das bisher noch nicht aufgefallen. „Geld?“ Er schüttelt die Büchse, „komm, wir fragen den großen Da, ob wir was rausnehmen dürfen.“
Der große Da tippt nicht mehr. Er liegt auf dem oberen Etagenbett und liest, was er geschrieben hat.
„Geld? – Nee, laßt mal, das braucht der Rudolf bestimmt für irgendwas.“
„Stell's wieder zurück“, sagt Iffet.

Abends betet Rudolf wie immer mit Daniel. Rudolf denkt sich die Gebete selber aus. Er sagt, mit dem lieben Gott kann man sprechen wie mit einem Menschen, obwohl Gott kein Mensch ist.
Dann muß Gunhild kommen und noch ein kleines Gebet mit Daniel sprechen, das gehört zum Abend. Das kleine Gebet reimt sich, Daniel kann es auswendig.
Heute hat Gunhild nicht mal dafür Zeit. Sie muß mit dem Kirchenchor für Weihnachten proben.

Daniel betet allein: Müde bin ich, geh zur Ruh, schließe meine Augen zu.
Aber er ist nicht müde, und schlafen kann er auch nicht. Der große Da liegt noch nicht über ihm im Bett, der guckt Fernsehen im Wohnzimmer. Rudolf hat eine Sitzung, die sehr umständlich heißt: Presbyteriumssitzung.
Daniel schleicht auf bloßen Sohlen die Steintreppe hinunter. Er kann das. Wie ein Indianer. Wirklich wahr.
Die Tür vom Arbeitszimmer steht offen, die Dose im Bücherbord ist leicht zu erreichen.
Da ist Geld drin. Geld ist schön. Es rasselt, wenn man die Dose schüttelt. Geld ist wertvoll. Man kann sich alles kaufen, wenn man Geld hat.
Daniel nimmt die Dose mit in sein Bett. Heimlich schüttet er das viele Geld auf sein Leintuch. Den Deckel der Dose kann man nämlich mit einem Griff abdrehn.
Silberne Stücke mit einer eins drauf, größere mit einer zwei, ganz schwere, auf denen eine fünf steht.
Ein richtiger Seeräuberschatz ist das.
Vorsichtig schiebt Dani die Münzen in den Bezug seines Kopfkissens.
Allerdings klappert die Dose jetzt nicht mehr, und ganz leicht ist sie auch. Ach, der große Da hat so viele winzige Legosteine bei seinen Weltraumsachen. Eine ganze Station mit Kratern und Raketen hat David gebaut. Da merkt er bestimmt nicht, wenn Daniel ein paar Steinchen wegnimmt. Die Dose klappert wieder. Dani stellt sie zurück in Rudolfs Zimmer.

„He, Kleiner, hast du die Seiteneinfassung hier weggemacht?“
Davids Augen rollen wild. Was soll Dani jetzt sagen?
Ne – hab ich nicht – das ist gelogen. Ja, ich war es? Dann wird der große Da nur noch wütender. Der kleine Da sagt eben über-

haupt nichts, senkt den Kopf und zischt wie ein Blitz aus dem Zimmer.
Er schleicht in den unteren Flur, schiebt die Tür zum kleinen Außenflur auf.
Rudolf telefoniert gerade, er sagt: „Okay, bis dann!" legt den Hörer auf und trabt mit seinen schnellen Schritten aus dem Zimmer.
„Na, Dani?" sein Vater schwingt sich in den Parka und klappt auch schon die Haustür zu.
Daniel flutscht ins Arbeitszimmer, schnappt sich die Dose, in der die Legosteine klappern. Er schüttet die Legos auf ein leeres Blatt Papier, das er auf dem Schreibtisch seines Vaters findet. Jetzt schnell! Vor die Haustür und Kieselsteinchen aufgesammelt. Deckel zu. Das Papier mit den Legos – vorsichtig, damit nichts herunterfällt – nach oben getragen.
„Na endlich, du Doofmann!" Der große Da ist immer noch ärgerlich. „Nächstens läßt du gefälligst meine Sachen in Ruhe, klar?"

Ein paar Tage später will Rudolf einem Tippelbruder Geld geben.
Steine in der Dose? „Gunhild, weißt du, was da geschehen ist?"
Gunhild sagt, sie kann ihre Augen nicht überall haben. Er soll die Kinder fragen.
Aber die Kinder sagen nichts. David grinst und zuckt die Achseln, der kleine Da schüttelt den Kopf, schaut seine Eltern gar nicht an.

An diesem Tag regnet es. Ein warmer Wind treibt den schlechten Geruch vom Chemiewerk über die Stadt. Es regnet und regnet.
Der kleine Da fühlt sich gar nicht gut. Er steht in Judiths Zimmer am Fenster und sieht, wie die Regentropfen lange Spuren auf der

Scheibe hinterlassen. Wie Tränen sehen sie aus, die Regenspuren.
„Du, Judith?“
Judith bastelt Strohsterne. „Was denn?“
„Ich glaub, der liebe Gott weint in seinem Haus, und das sieht aus wie Regen, wenn er weint.“
„Unsinn“, sagt Judith, „wo hast du denn das wieder her? Gott ist kein Mensch, das weißt du doch.“
„Vielleicht ist er aber ein Mensch, und du weißt das nur nicht.“
Judith mag solche Gespräche nicht. Sie macht sich lieber ihre eigenen Gedanken über Gott. Ob er aussieht wie ein Mensch, ist ihr weniger wichtig. Für sie ist fraglich, ob es ihn überhaupt gibt.
„Also, jedenfalls weinen kann Gott nicht, und der Regen entsteht aus Wasserdampf.“
„Aus was?“ Für Dani ist Wasserdampf viel seltsamer als ein lieber Gott, der Regentränen weint. „Er weint aber doch. Er ist nämlich traurig, deshalb kann er auch nicht Schnee machen.“
Dani denkt eine Weile nach, und Judith schüttelt ihr braunes langes Haar aus dem Gesicht, guckt den kleinen Bruder an. „Was hat denn das zu bedeuten, warum kann Gott keinen Schnee machen?“ Judith muß lachen. Was Daniel sagt, hört sich irgendwie niedlich an.
„Also“, sagt Dani, „ich hab mir so gewünscht, daß an Weihnachten Schnee kommt. Und dann hab ich das viele Geld genommen und es versteckt. Jetzt ist der liebe Gott traurig und weint. Schnee machen kann er nur, wenn er froh ist.“
„Was denn für vieles Geld?“
„Komm, ich zeig's dir!“ Daniel nimmt Judith an der Hand und zeigt ihr das Geld unterm Kopfkissen im Bezug.
„Und was machen wir jetzt?“ fragt Judith, als sie die ganze Geschichte kennt.
Dani reibt sein Gesicht an Judiths Arm.

„Also los, wir sagen es der Guni, komm. Du wirst sehn, dann weint dein lieber Gott vielleicht nicht mehr."
„Kommt dann Schnee?"
„Das glaub ich nicht", sagt Judith. „Jetzt komm."

„Einfach weggenommen?" Gunhild zieht die Augenbrauen hoch. „Und was hast du dir dabei gedacht?"
Dani sieht Gunhilds Gesicht. Ein richtiges Hexengesicht ist es, zum Fürchten.
Dani möchte weglaufen, aber die Hexenmutter packt ihn an den Armen und hält ihn dicht vor sich. „Das darfst du doch nicht, Dani. Kapier das mal!" Und die Hexenmutter schüttelt den kleinen Da hin und her, als ob ein Erdbeben wäre.
Judith sagt zuerst nichts, aber dann greift sie in das Erdbeben ein und zieht Dani weg.
„Laß ihn doch, Guni. Er hat das nicht so gemeint."
Dani heult laut. Er versteckt sein Gesicht in Judiths Pulli.
Rudolf ist gerade im Haus und läuft ins Wohnzimmer herüber.
„Was ist denn mit euch los?"
„Da –", schreit Gunhild, „das ist los! Dani hat die Kasse ausgeräumt!"
Dani heult noch lauter, bestimmt schimpft ihn sein Vater gleich auch noch.
Aber bevor Rudolf überhaupt was sagen kann, schreit Judith:
„Und ich hab gedacht, ich hätte vernünftige Eltern. Aber nichts! Ich hab gedacht, ihr lebt auch nach euren Überzeugungen. Wer hält mir lange Vorträge darüber, wie man Kinder behandeln soll? Du, Mutti! Und jetzt?"
Rudolf hält seine Pfeife in der Hand, den Pfeifenstopfer hat er in der anderen und eine Schachtel Streichhölzer auch. Wenn Rudolf Pfeife raucht, nimmt er immer den Stopfer und die Streichhölzer mit, falls die Pfeife mal ausgeht.

Rudolf winkt mit dem Pfeifenstopfer: „Mal langsam, ich verstehe immer noch nicht, was los ist.“
„Dani hat das Geld aus deiner ollen Diakoniekasse genommen und bei sich versteckt“, sagt Judith, „er hat es mir erzählt, und ich wollte mit Mutti ganz vernünftig darüber reden. Schließlich weiß jeder halbwegs gebildete Mitteleuropäer heutzutage, warum ein Kind heimlich Geld wegnimmt. Oder? Weil es sich die Beachtung und Liebe seiner Eltern nicht anders sichern kann. Hab ich selbst in einem deiner schlauen Bücher gelesen, Mutti! Und was machst du? Schreist nur herum!“
„Sowas muß ich mir von meinen Kindern gefallen lassen?“ Gunhild läuft einfach aus dem Zimmer.
„O je!“ sagt Rudolf und zieht an seiner Pfeife. „Was du sagst, ist ja richtig, Judith. Aber merkst du denn nicht, daß die Mutti im Moment einfach angestrengt ist? Zu nervös und überfordert. Mir geht es genauso. Wir sind eben auch nur Menschen, und die Gemeinde fragt nicht danach. Jetzt vor Weihnachten ist's besonders arg. Da kann auch deine Mutter nicht immer geduldig und vernünftig sein.“
„Na ja“, sagt Judith, hält noch den kleinen Da in den Armen, „aber so zu schreien braucht sie schließlich nicht gleich!“
Der kleine Da wischt sich die Tränen ab und stellt sich zwischen Rudolfs Knie. Rudolf stopft seine Pfeife nach und qualmt duftende Rauchwölkchen.
„Ich tu das Geld wieder in die Dose, ja Papi?“
„Gut. Aber du weißt es jetzt: Man kann nicht einfach Geld wegnehmen. Wenn du welches brauchst, gibt dir die Mutti ja.“
„Es ist aber noch was andres, ob man was gekauft bekommt oder selber Geld hat“, sagt Judith.
Guni kommt wieder ins Wohnzimmer. Sie hat verheulte Augen, genau wie der kleine Da. Sie nimmt Daniel in die Arme. Sie sagt, daß es ihr ganz schön leid tut, weil sie so geschrien hat.

„Mir tut es auch leid, daß ich dem Papi Geld weggenommen habe.“

Später reden sie noch mal in Ruhe darüber, denn Guni erinnert sich plötzlich wieder an die Sache mit Tugol. Dani weiß sofort, was sie meint. „Damals hast du gedacht, Gott mag den Tugol nicht, weil der sich deine Sachen genommen hat.“
„Ja, der war auch ganz gemein, das stimmt!“ sagt Dani sofort.
„Und jetzt – weißt du, wir beide können froh sein, daß Gott uns alle mag, dich und mich und den Tugol, obwohl wir Sachen falsch machen.“
Dani sagt nur: „Ach so!“
Er klettert auf die Fensterbank, drückt seine Nase an die Scheibe.
„Und wann hört der Gott auf zu weinen? Jetzt ist doch alles wieder gut, da kann er wieder froh sein und Schneeflocken auspusten, ja, Mutti?“

Weihnachten – Weihnachten

Dann ist es doch noch kälter geworden. David spürt es beim Atmen, wenn er gegen den Wind anfährt mit seinem Rad. Durch den Park radelt er und hält sich den Schal vor den Mund. Die Pfützen auf dem Weg haben Eisränder. Der Himmel über den kahlen Birkenästen ist dunkelgrau vor Wolken.

Schulschluß. Die Ferien fangen an. Übermorgen ist Heiliger Abend. Ob er den Bausatz kriegt? Wenn er ihn kriegte, könnte er den Motor zusammenbauen und den Kran richtig in Bewegung setzen.
Der Bausatz ist teuer. Mutti sagt so oft, sie hätten genug Spielsachen. Stimmt schon und stimmt auch wieder nicht. Man kann überhaupt nicht genug Spielsachen haben. Jens hat mehr Legos und ein besseres Fahrrad, und den Bausatz für den Motor hat er längst. Der wünscht sich jetzt einen eignen Fernseher, der Jens, damit er seine Kassetten im eignen Zimmer angucken kann. Und da sagt Mutti, er, David hätte längst genug Sachen! David ist durch den Park geradelt und bremst vor der Ampel.

In der Innenstadt hängt alles voll mit Lampenketten. Die Schaufenster brechen fast auseinander, so vollgestopft sind sie mit Dingen, an denen rote und goldne Weihnachtssterne stecken. Sterne, auf denen die Preise stehen.
Man kommt kaum durch die Fußgängerzone, soviele Leute drängen und schubsen einander.
David schiebt sein Rad bis vor ‚Müllers Haus des Kindes'. Die haben den Bausatz zwanzigmal verpackt ausgestellt, und den fertigen Motor lassen sie vor den Schachteln laufen. Sieht gut aus! Und der läßt sich für den Kran genauso verwenden wie für

das große Modellauto und die Lok. Die Lok wünsche ich mir zum Geburtstag, denkt David. Das müßte klappen.

Zuhause rotieren alle. Man sieht das nicht so, aber spüren kann man es.

Sie sitzen um den Tisch und essen. Rudolf und Judith reden aufeinander ein. Gunhild springt dauernd auf und holt Sachen, die sie vergessen hat, oder die erst fertig werden.

Es gibt Nudeln und Soße und Apfelmus und Würstchen. Nichts paßt so richtig zusammen, und deshalb ißt jeder auch was andres, und Gunhild muß herumrennen und es holen.

Judith leckt nur Apfelmus vom Löffel. Nudeln machen dick, findet sie.

Der kleine Da ißt nur Nudeln. Würstchen mag er nicht. ‚Die kommen von Tieren', sagt er immer. ‚Ich esse kein totes Tier.'

David zieht seinen Stuhl zurecht und schaufelt Nudeln auf seinen Teller. Ketchup? Fehlt!

„Hol's dir selber, *jetzt* sitze ich endlich mal!" sagt Gunhild.

„Ich hab mich auch erst grade hingesetzt", mault David.

Der kleine Da springt auf, „ich hols für dich!"

Aber das will Gunhild wieder nicht, sie hat Angst, der kleine Da wirft im Schrank alles um, und der Schrank ist gerade erst frisch aufgeräumt.

Fröhliche Weihnachten, denkt der große Da, so eine Hektik, Mann o Mann!

„Und wieso will der Teigeler, daß wir ‚Stille Nacht' singen?"

Judith macht beim Gottesdienst um sechs Uhr mit. Rudolf hat alles anders gestaltet, als gewöhnlich. Judith und die andern Konfirmanden sollen Texte sagen, ein Weihnachtsspiel haben sie sich ausgedacht und geübt. Das Stück heißt: ‚Alle Jahre wieder – diesmal nicht'. David hat die Proben gesehen. Manches fand er wirklich astknorke.

Erst steht bloß ein Tisch da. Brigitte, Judiths Freundin, stellt einen Weihnachtsbaum drauf. So einen aus Plastik zum Aufklappen. Spitze, findet David. Dann setzt sich Brigitte hinter den Tisch und sagt, wie zufrieden sie ist, weil der Baum so schön aussieht, dabei sieht der Baum furchtbar kitschig aus. Da muß man wirklich lachen, wie sie das sagt! Furchtbar kitschig findet ihn auch Robert, der jetzt reinkommt. Er bringt einen Plattenspieler mit, legt eine Platte auf mit echt heißen Rhythmen. Das gefällt dem. Er sagt, für ihn sei *das* Weihnachten. Nachher kommen Judith und noch zwei andre. Judith schleppt massenweise Geschenke in verpackten Schachteln an, für sie ist ‚Schenken' Weihnachten. Die andern mögen aber nicht Geschenke bekommen, wenn sie selber keine vorbereitet haben. Einer ist dabei, der will immer ‚Stille Nacht' singen, wie der Teigeler. Wirklich, das Stück ist prima, findet David.
Rudolf, am Mittagstisch, zuckt die Schultern. „Für ihn ist ein Weihnachten ohne dieses Lied kein Weihnachten."
„Genau wie für den Typ in unserem Stück", sagt David mit vollem Nudelmund.
„Du provozierst die Leute", sagt Gunhild, „die wollen ihr Weihnachten so, wie es immer war."
Der kleine Da will wissen, was ‚provozieren' ist, Gunhild sagt schnell, das sei dasselbe wie verärgern.
„Ich find, der Vati hat recht", sagt Judith, „bloß wegen dem Teigeler so ein verkitschtes Lied singen. Nee."
„An Weihnachten hast du Leute vor dir, die siehst du das ganze Jahr über nicht. *Die* will ich ansprechen. Nicht nur die, die auch an anderen Sonntagen kommen."
„Aber gerade die, die nur einmal im Jahr kommen, wollen dann das hören, was sie immer gehört haben."
„Glaub ich nicht", sagt Rudolf, „genausoviele Leute wollen endlich mal was anderes hören."

„Ja, stimmt, ich zum Beispiel", sagt Judith und leckt Apfelmus. „Ich habe vorhin eine Umfrage wiedergefunden. Man hat Leute einen Tag nach Weihnachten gefragt, was denn gepredigt wurde. Wißt ihr, was dabei herauskam? Sechsundneunzig von hundert Befragten konnten nur sagen: es war schön, oder es war feierlich, oder es hat mir gefallen, oder es war langweilig. Nur vier – vier von hundert konnten noch mit ein paar Sätzen sagen, worüber der Pfarrer gepredigt hatte. Direkt nach Weihnachten! Das ist doch zum Heulen! Ich will deshalb wirklich einen anderen Gottesdienst machen als sonst. Statt der Predigt zeige ich Dias."
David sagt: „Au, klasse!"
Und Gunhild zieht hörbar Luft ein: „Wenn das mal mit dem Kirchengemeinderat gutgeht! Du kennst doch die versteckte Art vom Teigeler, dir sagt er nichts, aber der ist imstande und geht zum Superus."
„Wer ist der Superkuß?" fragt Daniel. Alle lachen. Judith sagt: „Superus, nicht Superkuß – eigentlich Superintendent! Das ist der Oberpfarrer."
Sie hat im Konfirmandenunterricht schon vieles über den Aufbau der Kirche gelernt.
„Kann sein, daß er sich ärgert. Trotzdem, ich bleibe dabei, ich mach's so, wie geplant. Ich sehe nicht ein, daß wir ‚Stille Nacht' stehend wie eine Nationalhymne absingen müssen."
„Was hast du denn für Dias?" fragt Judith.
„Ein Altarbild von Emil Nolde, es besteht aus neun Teilen. Auf meinem Schreibtisch liegt ein Bildband, da ist es abgedruckt, holst du ihn mal?"
Judith bringt das Buch. „Kommt, wir setzen uns ins Wohnzimmer, und du erzählst uns, was du sagen wirst, ja?"
Die Hektik ist ganz weg.
Sie sitzen eng beieinander auf dem Sofa. Rudolf hat den kleinen Daniel auf dem Schoß.

Die Bilder sind groß und ruhig. Viel Rot und Blau hat der Maler verwendet. Auf einem Bild hält Maria ein ganz rotes Baby hoch. Das ist Weihnachten. Der Geburtstag Jesu.
Rudolf sagt: „Schaut mal, das Bild vom Christus am Kreuz ist viermal so groß wie die Geburt Jesu oder die Bilder von der Auferstehung!"
„Willst du auch die Weihnachtsgeschichte nicht mehr vorlesen?" fragt Gunhild, „das gibt bestimmt Ärger!"
„Ach, natürlich spreche ich über Weihnachten, auch wenn ich die Geschichte nicht extra vorlese. Ich stelle die Geburt Jesu in Zusammenhang zu seinem ganzen Leben. Ich will auch sagen, daß die Christen früher, in den ersten Jahrhunderten, überhaupt kein Weihnachten gekannt haben und daß die Christen in Griechenland zum Beispiel Ostern viel wichtiger finden als Weihnachten."

Und dann ist wirklich Weihnachten. Rudolf zeigt das Bild aus dem Buch als Dia durch den Diaprojektor. Da leuchten die Farben noch viel schöner, und man sieht deutlich, wie Maria das rote neugeborene Baby hochhebt, es sollen auch alle sehen.
Rechts und links vom Altartisch funkeln die Kerzen der riesigen Weihnachtstannen. Der kleine Da kann gar nicht weggucken.
Während der Kirchenchor sich vorn aufstellt und singt, kuschelt Daniel sich in Gunhilds Fellmantel, der schön weich ist, er wird aber hellwach, als Judith mit den anderen Jungen und Mädchen das Theaterstück von den Leuten spielt, die ganz verschieden Weihnachten feiern wollen.
Am Schluß stehen alle Leute auf und singen: „O du fröhliche, o du selige, gnadenbringende Weihnachtszeit."
Gunhild beobachtet aus den Augenwinkeln das Gesicht des Herrn Teigeler, der singt kräftig mit. Ob er zufrieden ist mit dem Liederwechsel?

Zuhause duftet es nach Weihnachten, und Dani ist furchtbar kribbelig wie immer, wenn Heiligabend ist und es so duftet. Nach Plätzchen und Apfelsinen, nach den Sträußen aus Tannenzweigen, die sie gemeinsam mit goldenen Sternen und Lampen geschmückt haben. Jetzt warten die Kinder im Flur.
Als Rudolf endlich aus dem Wohnzimmer kommt und die Tür offen läßt, riecht es nach brennenden Wunderkerzen, den kleinen Baum im Holzkübel kann Daniel kaum wiedererkennen, obwohl er selber beim Schmücken geholfen hat, so schön ist der Baum.
Geschenke auspacken, spielen, spielen, spielen.
David hat wirklich den Motor bekommen. Er muß ihn ausprobieren. Er hat für nichts anderes mehr Augen.
Beim Abendessen sagt Gunhild, daß sie noch eine Überraschung haben.
„Eine ganz wichtige. Für uns alle. Zu Weihnachten paßt sie besonders gut: Wir bekommen ein Baby!“
„Wann?“
„Im Juni. Mitte Juni“, sagt Rudolf.
„Warum kann es denn nicht gleich heute kommen?“ fragt der kleine Da, „ich zeig ihm meine neue Stadt, die hab ich grade so schön gebaut! Und du läßt es mit deinem Motor spielen, ja David?“
„Denkste!“ sagt David, „mit meinem Motor! Ein Baby! Das macht doch bloß alles kaputt! Das soll mal schön bleiben, wo es ist!“

Das Geheimnis vom Leben

„Ich zeig dir was", sagt Gunhild, „komm mal mit ins Schlafzimmer, Dani!"
Es ist März, und Weihnachten liegt schon weit hinterm Januar und Februar. Gunhilds Bauch hat sich nach vorn gewölbt. Man kann ihn sogar unter dem weiten Kleid ein bißchen sehen.
Dani hängt seine Kindergartentasche im Flur auf, nimmt Gunhilds Hand.
Im Schlafzimmer steht ein Korb auf Rädern. Der Korb ist mit grünweißem Karostoff umhängt. Ein grünweißes Stoffzelt hat er auch noch draufgesteckt, der Korbwagen.
„Darf ich damit spielen?" fragt Daniel, „ich hol meinen Bär und den Jolifa, gut?"
Jolifa ist ein Hase mit langen Schlabberbeinen, Daniel mag ihn noch lieber als den Bären.
„Okay", sagt Gunhild, „wir machen eine Liegeprobe mit dem Bär und Jolifa. Aber nur heute, dann will ich den Vorhang waschen, damit das Baby später alles ganz frisch und sauber hat."
Daniel hört gar nicht genau hin, er bringt schon Jolifa und den Bären. „Jolifa darf ins Zelt, der Bär braucht kein Zelt."
Gunhild lacht, sie sagt, „es heißt nicht Zelt, das Ding am Kopfende ist ein Betthimmel."
Daniel setzt Jolifa unter den Betthimmel.
„Weißt du, das Baby ist am Anfang so zart, es verträgt grelles Licht nicht, und außerdem schläft es noch viel –" erklärt Gunhild.
Daniel sagt: „Und weil es gerade aus dem Himmel kommt, kriegt es über seinem Korb einen Betthimmel, ja?"
„Das Baby kommt nicht aus dem Himmel", sagt Gunhild.
„Ja, weiß ich doch", Daniel deckt Jolifa zu und klopft auf das

weiche Kissen, „es wächst in deinem Bauch, aber bevor es da drin war, ist es im Himmel gewesen."
„Na ja", sagt Gunhild. „Wer hat dir das denn erzählt?"
„Schwester Ignatia, ich hab sie gefragt."
„Aha", sagt Gunhild, „du hast sie gefragt? Was denn genau?"
„Wie das Baby in deinen Bauch kommt, hab ich sie gefragt."
Daniel hat inzwischen auch den Bären eingepackt und schiebt den Stubenwagen hin und her.
„So etwas fragst du Schwester Ignatia? Warum hast du mich nicht gefragt, oder Judith?"
„Hab ich ja! Aber du hast gesagt, daß du mir das später erklärst, und Judith hat gesagt, ich versteh das noch nicht. Dabei versteh ich das ganz genau. Schwester Ignatia hat es mir schließlich erzählt."
„Sie hat dir schließlich? Wie denn?" Gunhild hat sich mit Daniel auf das große Bett gesetzt, in dem die Eltern schlafen. Auch Daniel schläft morgens oft mit da drin. Sobald er aufwacht, kommt er über den Flur gelaufen, schleift seine Bettdecke hinter sich her und kriecht ins warme Nest zu Gunhild und Rudolf.
Jetzt hält Gunhild ihn im Arm und möchte die Geschichte hören, die Schwester Ignatia ihm erzählt hat.
„Ganz einfach. Zuerst sind die Menschen beim Gott im Himmel. Und wenn dann ein Vater und eine Mutter sich ein Kind wünschen und der liebe Gott merkt, daß sie sich auch richtig lieb haben, dann läßt er mitten in der Nacht ein Baby los, und die Mutter schluckt es runter, wenn sie schnauft."
„Hat die Schwester Ignatia das so erzählt?"
„Ja", sagt Daniel.
„Auch das mit dem Runterschlucken und Einatmen?"
„Das hat sie nicht gesagt, aber das weiß ich von mir selber."
„Das weißt du von dir selber?"
„Klar", sagt Daniel, er mag aber wohl nicht weiter darüber

sprechen, denn er rutscht jetzt von Gunhilds Schoß und packt den Bären um. Auch der darf unter dem grünkarierten Betthimmel sitzen.

„Du, Dani", sagt Gunhild, „das mit dem Runterschlucken stimmt aber nicht. Ein Mensch entsteht aus einem kleinwinzigen Ei, das im Bauch der Mutter wächst und dem Samen, den der Vater dazugibt!"

„Nee", sagt Daniel und deckt den Bären zu, „aus Samen kommen höchstens Blumen, das weiß ich. Die echten Babies fliegen aus dem Himmel runter. Aber vorher gucken sie sich die Eltern an, ob sie die auch lieb haben. Das hab ich auch so gemacht. Ich bin herumgeflogen und herumgeflogen –" Dani breitet die Arme aus und umkreist den Stubenwagen. „Dann hab ich dich gesehen und den großen Da und den Papa und sogar die Judith. Dich mochte ich am liebsten!" Dani stürzt sich aus dem Flug in Gunhilds Arme, „aber die andern mochte ich auch leiden, bestimmt, Mutti!"

Gunhild drückt den kleinen Da ganz fest. In ihrem Bauch strampelt das neue Baby.

„Und jetzt", sagt der kleine Da und macht sich los, „muß ich runtergehen und den Papa drücken, ich hab ihn heute noch kein einziges Mal gesehen."

Gunhild bleibt sitzen, als Daniel die Treppe hinunterläuft. Sie atmet tief ein und fühlt sich glücklich, auch wenn sie weiß, daß man ein Baby nicht einatmen kann. Aber wie das Leben überhaupt einmal entstanden ist, so daß immer wieder ein neuer kleiner Mensch geboren wird, ein Mensch, der denken kann und sich freuen, lachen, weinen und spielen – das weiß immer noch niemand genau, denkt Gunhild. Ein kleiner Mensch – wird dieses Wunder Gottes ewig ein Geheimnis bleiben?

Gleich zweimal Ostern

„Drei Wochen schulfrei, drei Wochen schulfrei!“ David schleudert seinen Tornister in den Flur, genau zwischen Judiths Beine. Der letzte Schultag vor den Osterferien ist überstanden.
„Deshalb brauchst du ja nicht gerade durchzudreh'n, Da!“ sagt Judith. Sie ist knatschig, weil sie ausgerechnet heute noch mit ihrer besten Freundin Streit hatte. Jetzt weiß sie nicht, wie sie sich wieder versöhnen sollen. Ob Sabine den Anfang macht? Oder werden die ganzen drei Wochen sträflich langweilig ohne Sabine verlaufen?
„Du nimmst einem aber auch jede Freude, du alte miesepimplige Tante, du“, sagt David und hebt seinen Tornister auf.
„Habt ihr Streit?“ fragt Rudolf. Er kommt, die Pfeife im Mund und den Stopfer dazu in der Hand aus seinem Zimmer.
„Ach, die Judith ist sauer, und ich hab mich so auf die Ferien gefreut.“
„Freu dich ruhig weiter“, sagt Rudolf und legt den Arm um Davids Schultern. „Hör mal, Judith, ich hab eine Neuigkeit für uns alle.“
Judith wendet auf der Treppe, „was das schon sein wird“, mault sie.
Gunhild kommt mit Daniel vom Markt zurück.
„Na?“ sagt sie, „was gibt's denn? Du guckst so erwartungsvoll, Rudolf!“
Sie stellt den Korb auf den Küchentisch.
„Ja, also“, Rudolf zieht an seiner Pfeife, „ich bekam gerade einen Anruf“, er nennt einen Namen, der nur bei Gunhild ein schwaches „Ah ja?“ hervorruft. Die Kinder wissen nichts damit anzufangen. Mit dem, was Rudolf dann sagt, auch erst nicht so recht: „Wir sind eingeladen, in Gonia in der Akademie Ostern

zu feiern. Gonia liegt auf Kreta. Die Griechen feiern Ostern nach einer anderen Kalenderrechnung. In diesem Jahr feiern sie genau eine Woche nach unserem Osterfest. So kann ich zuerst hier mit der Gemeinde feiern und anschließend bleiben uns gut zehn Tage für Kreta."

„He!" sagt Judith, „Kreta liegt doch ganz weit im Süden, nicht?"

„Es ist so ungefähr die südlichste Insel Griechenlands", sagt Rudolf.

„Klasse", Judith freut sich, die schlechte Laune ist weggeblasen. „Da kann man bestimmt schon schwimmen und toll braun werden!"

„Mit dem Flugzeug fliegen?" fragt der kleine Da, „ganz echt in so einem großen, riesenen?"

Gunhild bessert ihn aus: „rie-sigen", aber sie hebt den kleinen Da auch hoch und küßt ihn auf beide Backen, „ja, mein Schatz! Fliegen! Das wird bestimmt schön!"

„Mich mag wieder mal keiner", sagt David und zieht die Mundwinkel herunter.

„Doch, ich", Rudolf nimmt den großen David in den Arm, er sagt, daß sie beide ganz viel tauchen werden, „in jeder freien Minute, wenn wir auf Kreta sind. Und ihr werdet sehen, Ostern ist dort ganz anders. Ich habe es vor vielen Jahren schon einmal miterlebt."

„Wie – Gottesdienst?" fragt Judith, „müssen wir da auch noch mit hin? Mir reicht das hier schon. Gründonnerstag, Karfreitag, Ostern, Ostermontag –"

„Ja, das ist viel auf einmal, das stimmt schon", sagt ihr Vater. „Aber für Gründonnerstag habe ich mir etwas ausgedacht."

Statt abends einen der vielen Gottesdienste zu halten, die immer gleich ablaufen, lädt er die Gemeinde in den Saal zum Abendessen ein.

„Gibt's da auch Nudeln?" fragt der kleine Da.

David zeigt seinem Bruder einen Vogel. „Nudeln!"
Rudolf sagt, daß es belegte Brötchen gibt und Saft für die Kinder und Wein für die Großen. Ein richtiges Abendessen. David reibt sich die Hände. Die Schinkenbrötchen, die Frau Hoyer, die Küstersfrau macht, sind besonders lecker.
Judith fragt, warum der Tag eigentlich ‚Grün-Donnerstag' heißt.
Das weiß auch Rudolf nicht. Gunhild schaut deshalb im Lexikon nach. Da steht alles mögliche über diesen Tag, an dem Jesus mit seinen Freunden, den Jüngern, zum letzten Mal zu Abend gegessen hat.
Vielleicht kommt der Name von grünen Tüchern, die man an diesem Tag benutzte oder auch von grünen Kräutern. Es könnte auch von einem alten Wort für ‚weinen' kommen – ‚greinen' heißt es. ‚Greindonnerstag'.
Das mit dem ‚greinen' finden David und Daniel lustig. So lustig, daß sie das Wort gleich ausprobieren. „Huäää", macht David, „grein, grein!", und der kleine Da greint mit, aber noch einmal so laut.

Am nächsten Morgen schreibt Rudolf die Einladung für alle Leute in der Gemeinde. Im Büro werden viele hundert Blätter hergestellt. Auf jedem steht, daß alle herzlich eingeladen sind, an dem Abendessen teilzunehmen.
Judith und die anderen Konfirmanden verteilen die Blätter. Im Jugendheim, im Frauenkreis, stecken sie bei den alten Leuten in die Briefkästen, die mittwochs immer zum Altenclub kommen.

Wieder ein paar Tage später decken die Kinder mit Frau Hoyer und dem Küster zusammen die Tische im Gemeindesaal. Gunhild ist dabei und zwei andere Frauen aus der Nachbarschaft, die gerne mithelfen.

David hat sich selber zum Brötchenbelegen eingeteilt, denn es gelingen bestimmt nicht alle Brötchen gleich schön. Mißlungene Brötchen aber, denkt David, kann er ja am besten gleich verschlingen.
Frau Hoyer lacht. Sie sagt: „In der Bibel steht irgendwo: Man soll dem Ochsen, der da drischt, nicht das Maul verbinden."
„Ich bin kein Ochse, und ich dresche auch nicht", sagt David.
„Aber du futterst ganz schön", sagt Judith, sie schnippelt weißes Brot in kleine Würfel. Die werden in Körbe gelegt und bei der Abendmahlsfeier herumgereicht.
„Darf ich das mal probieren?" der kleine Da greift zu.
„Halt, das ist nicht für dich!" schreit der große Da. „Wir Kinder dürfen noch nicht zum Abendmahl."
Der kleine Da zuckt erschreckt mit der Hand zurück.
„Jetzt kann er ruhig davon essen", sagt Judith, „das gilt doch erst, wenn die Abendmahlsworte gesprochen sind und das Brot gesegnet ist."
Der kleine Da will nicht mehr. Er heult.
In dem Moment kommt Rudolf. Er will schauen, ob er noch etwas besorgen muß oder ob er helfen kann. Der kleine Da rennt ihm entgegen und heult und beklagt sich, weil er von den weißen Stückchen nichts essen durfte.
„Aber klar darfst du davon essen", sagt Rudolf. Der große Da fährt dazwischen. „Ich hab im bloß erklärt, daß er beim Abendmahl nichts davon abkriegt, weil er noch zu klein ist."
Rudolf muß dem großen Da recht geben.
„Das hat man hier bei uns so abgesprochen", sagt er, „weil viele Leute meinen, daß Kinder nicht verstehen können, was das Abendmahl bedeutet."
„Das finde ich aber ungerecht", sagt der große Da, „ich verstehe sehr gut, daß Jesus für alle Menschen da sein wollte, und darum hat er gesagt: denkt immer an mich, wenn ihr zusammensitzt

und Brot eßt. Das versteh ich. Warum darf ich dann nicht zum Abendmahl?"
„Ja, David", sagt Rudolf, „ich bin auch nicht einverstanden mit dieser Regel. Wirklich nicht. Einerseits weiß ich, was die Kirche damit beabsichtigt. Es soll eben niemand am Abendmahl teilnehmen, der nicht weiß, was es bedeutet. Andererseits gilt die Liebe Jesu euch Kindern ganz besonders. Und Jesus hat seine Liebe im Abendmahl, im letzten gemeinsamen Essen mit den Jüngern, ganz besonders ausgedrückt. Deshalb solltet ihr Kinder immer am Abendmahl teilnehmen dürfen".
„In der katholischen Kirche ist das viel besser geregelt", sagt Frau Hoyer, die mit zugehört hat. Sie war früher einmal katholisch und ist erst bei ihrer Heirat in die andere Kirche übergetreten. „Da dürfen auch die Kinder, wenn sie ungefähr acht Jahre alt sind, zur Erstkommunion, wenn die Eltern es wünschen."
Einerseits – andererseits hat Rudolf gesagt und dann schnell gesprochen und so viel geredet, daß der kleine Da es nicht verstanden hat. Er glaubt sowieso nicht, daß Jesus ihm verboten hätte, von den schönen weißen Brotklötzchen zu essen. Frau Hoyer verbietet es auch nicht. Dani nimmt sich zwei Hände voll. Ißt, und vom Rest formt er grauweiße Kügelchen.

Der Gottesdienst am Abend wird schön. Auf den Tischen stehen Kerzen wie an Weihnachten, nur daß statt der Tannenzweige kleine Vasen mit Forsythienzweigen und Palmkätzchen aufgestellt sind.
Judith und die anderen Konfirmanden dürfen zum Abendmahl. Rudolf hat gesagt: „Das nehme ich auf meine Kappe, auch wenn hundert Teigelers dagegen sind!"
Es kommen keine hundert Teigelers. Dafür begrüßt Rudolf viele Leute, die sonst kaum in den Gottesdienst kommen.
Es ist im Saal auch nicht so unheimlich still wie manchmal in der

Kirche. Als ob die Leute nicht so bange wären wie sonst, wenn sie nach vorn gehen müssen, um Brot zu bekommen und einen Schluck Wein zu trinken, beim Abendmahl.

Rudolf predigt auch nicht lange. Er spricht über Jesus und den Jünger, der Jesus verraten hat. Judas.

„Nicht Jesus hat ihn verstoßen", sagt Rudolf, „Judas hat sich von Jesus getrennt. Leider. Ich bin sicher, Jesus war traurig darüber. Er hat Judas genauso gern gehabt wie die anderen Jünger. Judas war sein Freund gewesen. Auch wir dürfen deshalb niemanden vom Abendmahl ausschließen, der daran teilnehmen möchte. Jeder ist eingeladen." Und jeder soll sich überlegen, ob er nicht irgendwo andere aus einer Gemeinschaft ausschließt. Aus einem Kreis von Freunden vielleicht? Aus der Gemeinschaft in einem Haus? Aus der Familie? Wie oft gibt es da jemanden, der als schwarzes Schaf gilt! Zu den Kindern sagt er auch etwas. Sie sollen an die Klassengemeinschaft denken. Auch da kann man gemein sein und jemanden ausschließen.

Dann gehen die Körbe mit den Brotstückchen von Hand zu Hand, der große Silberkelch mit dem Wein genauso. Jeder gibt es dem anderen weiter.

Hinterher gibt es die Brötchen, und man darf miteinander reden.

Wie der Gottesdienst dann aus ist, bedanken sich manche Leute bei Rudolf. Ein Mann sagt: „Weiter so, Herr Pastor." Und eine Frau wischt sich sogar Tränen aus den Augenwinkeln und sagt: „So schön war es noch nie am Gründonnerstag. So viel Gemeinschaft!"

Rudolf hat den kleinen Da auf dem Arm und strahlt.

Auf dem kurzen Weg vom Gemeindehaus zum Pfarrhaus sagt Rudolf: „Endlich haben wir mal etwas erreicht. Die Angst vor dem Abendmahl war heute nicht da."

Judith, die neben ihrem Vater geht, sagt: „Weißt du, was ich toll fände? So eine richtige Osternacht mit Kerzen und moderner Musik."

„Das können wir im nächsten Jahr versuchen", sagt Rudolf, aber Gunhild schüttelt den Kopf: „Du willst zu viel ändern, Rudolf, das verkraftet die Gemeinde nicht so schnell. Denk nur an Weihnachten und den Streit um das Lied! Teigeler und den Kirchengemeinderat kannst du nur langsam überzeugen!"

Am Ostersonntag regnet es in Strömen. Nicht einmal Ostereier kann man im Garten verstecken. Der kleine Da ist ganz traurig. Rudolf auch. Er kommt mißmutig aus der Kirche zurück, hängt den Talar in den Flur, reißt sich das schwarze Jackett fast herunter.

„Jetzt hast du es doch geschafft", sagt Gunhild, „morgen früh fliegen wir!"

„Ich bin aber auch geschafft!" sagt Rudolf. „Es waren kaum Menschen im Gottesdienst, ich muß erst einmal aus diesen Kleidern raus!"

Schweiß zeichnet sich deutlich unter Rudolfs Achselhöhlen ab. Er geht die Treppe hinauf ins Bad.

Zum Mittagessen gibt es Braten und pommes frites und viel Salat. Nachher Zaubercreme und eingemachte Kirschen.

Draußen hängt der Regen immer noch grau überm Garten. Der Braten duftet nach Kräutern. Trotzdem mag Daniel nichts davon. Er sagt: „Ich esse kein totes Tier, das wißt ihr doch."

Rudolf ist mit seinen Gedanken immer noch in der Kirche. „Ostern ist bei uns gar kein lebendiges Fest."

„Ist es gestorben wie das Schwein da?" fragt Daniel.

„Dani, bitte, du verdirbst uns den ganzen Appetit", sagt Gunhild und tupft sich den Mund mit der Serviette sauber.

„Hast schon recht, kleiner Da", sagt David, „ist auch gemein, daß wir Tiere totmachen, um sie zu essen."

„Dabei ist Ostern das Fest der Auferstehung, ein ganz ganz frohes Fest."
Judith lacht, daß sie sich fast verschluckt. „Papa, wir reden von geschlachteten Schweinen, und du bist bei der Auferstehung stehngeblieben."
„Entschuldigt", sagt Rudolf, „Ostern – Auferstehung, Neubeginn – ich komme nicht drüber weg, daß wir Evangelischen es gar nicht wirklich feiern. Wir singen zwar in der Kirche: ‚Wir wollen alle fröhlich sein in dieser österlichen Zeit ...', aber wir singen es wie ein Grablied. Wo ist da Fröhlichkeit?"
Dani fragt, was Auferstehung sein soll.
„Daß der Jesus aus seinem Grab wieder heraus ist, als er tot war, eben", sagt David und nimmt sich noch eine Fuhre pommes frites.
„Das steht ja überhaupt nicht fest, ob er wirklich aus dem Grab gestiegen ist, nicht, Papa?" sagt Judith. „Wahrscheinlich ist das Grab überhaupt nicht leer gewesen."
Im Konfirmandenunterricht haben sie davon gesprochen.
„Ich könnte mir das sowieso nicht vorstellen, daß Jesus wieder in den toten Körper geschlüpft ist. Das ist doch etwas Unmögliches."
„Kann ich mir auch nicht denken", sagt David, „aber wie soll ich mir dann die Auferstehung vorstellen? Die ist doch nur richtig, wenn Jesus mit seinem Körper aus dem Grab steigen konnte, oder?"
„Ich glaube, Gott konnte Jesus auch ganz anders zu sich holen. Gott tut Unmögliches, auch wenn wir es uns nicht vorstellen können mit unserem armen Verstand!"
„Armer Verstand", sagt Gunhild, sie steht auf. Der kleine Da auch, er mag heute nicht mitreden, er will lieber mit seinen Osterhasen spielen und mit dem Jeep, den er bekommen hat. „Doch, Gunhild, armer Verstand", sagt Rudolf, „nachdem Je-

sus am Kreuz gestorben ist, dachten die paar Jünger: Jetzt ist alles aus. Und dann bekamen sie neue Hoffnung. Sie haben Jesus gesehen, machten sich auf, erzählten überall von Jesus. Sie haben das mit so viel Begeisterung gemacht, daß die Menschen ihnen glaubten. Daß andre leben wollten, wie Jesus es vorgemacht hatte. Ich habe das heute in der Predigt mit dem Satz eines Professors gesagt: Auferstehung bedeutet, die Sache Jesu geht weiter, weil Jesus lebendig ist."

„Ja – aber –", sagt der große Da, „dann ist Jesus eben doch einfach nur tot und nicht auferstanden. So tot eben wie Herr Gruber."

Es fällt ihm plötzlich wieder ein, was für ein leeres Gefühl er damals spürte, als die Eltern vom Tod des Herrn Gruber gesprochen haben. Mit Jesus, hat er bisher immer gedacht, mit Jesus war das ganz anders. Der ist mitsamt seinem Körper auferstanden, genauso, wie er vorher war. Genauso, als wäre er nie gestorben.

„Dann müßte Gott seinen Körper aber erst verwandelt haben", sagt Judith, „denn als die Jünger Jesus gesehen haben, konnte er durch verschlossene Türen gehen, nicht, Papa?"

„Wir wissen das alles ja nur aus den uralten Berichten der Jünger. Wir wissen vom Tod am Kreuz und daß dann plötzlich die Jünger trotz ihrer großen Angst öffentlich aufgetreten sind und gesagt haben: Jesus ist nicht tot. Wir haben ihn gesehen. Jesus lebt. Mehr wissen wir nicht. Wie es gewesen ist –", Rudolf zuckt die Achseln. „Aber ich weiß, daß wir mit der Kraft, die von Jesus kommt, leben können. Ich glaube auch, daß Gott die Menschen nie im Stich läßt. Auch nach dem Tod nicht."

Es hat an der Haustür geklingelt. Der kleine Da läuft hin, Iffet kommt zu Besuch. Dani freut sich, er hat ein paar Eier für Iffet bunt bemalt, und einen von den Schokoladehasen schenkt er ihr auch.

David verscheucht die Gedanken, die das Gespräch bei ihm zurückgelassen haben. Er muß noch packen: Lesefutter für unterwegs. Morgen früh um vier Uhr werden sie zum Flughafen fahren. Dorthin, wo die Sonne scheint!

Viel Sonne und Christus ist auferstanden

Drei Uhr morgens. Es ist noch stockfinster.
David hat ein hohles Gefühl im Magen und lauter Ameisen kribbeln in seinen Adern, so aufgeregt ist er. Der kleine Da redet furchtbar laut und rennt im ganzen Haus herum, so aufgeregt ist er. Judith und die Eltern machen mit schnellen Bewegungen die Betten, decken den Frühstückstisch, Kaffee, Kakao, ein aufgewärmtes Brötchen für jeden. Der Kühlschrank muß offen bleiben, ein Fenster im Bad auch, schnell noch die Blumen gießen und das Frühstücksgeschirr spülen.
Hat jeder seine Jacke und die Tasche, die er tragen muß?
David nickt. Seine Sporttasche hängt ihm schon quer über der Schulter. Der kleine Da schleppt einen winzigen Rucksack auf dem Rücken, da schlabbern die Ohren von Jolifa, dem Hasen, heraus.
Draußen nieselt es und stinkt vertraut wie immer. Die Straßenlampen sind noch an.
Als Rudolf das Auto aus der Garage fährt, klingt es laut, als starte er einen Rennwagen.
Die Straßen sind fast völlig leer um diese frühe Zeit. Erst, als sie auf der Autobahn sind und näher an Düsseldorf herankommen, wird der Verkehr dichter. Beim Flughafen herrscht ein richtiges Gewimmel. Es ist immer noch nicht hell.
Sie parken den Wagen, prüfen nach, ob auch wirklich alle Fenster zu sind und alle Türen abgeschlossen.
Dann sitzen sie in der Wartehalle. Rudolf reiht sich in die Schlange ein, die zum Schalter führt.
Jetzt spricht der kleine Da nicht mehr laut. Er gähnt und jammert und ist noch soo müde. David pendelt ständig zwischen seinem Vater in der Warteschlange und Gunhild hin und her.

Judith sitzt mal, mal geht sie mit David herum, alles anschauen. Die Tafeln, auf denen die Abflugzeiten aufleuchten, die Schleusen, durch die man gehen wird – für Müdesein ist keine Zeit. Endlich werden sie mit dem Bus auf das Rollfeld gefahren und steigen ins Flugzeug. Es sieht innen beinahe aus wie ein besonders großer Reisebus. Nur die Fenster sind kleiner.
Ein tolles Gefühl, als das Flugzeug wirklich abhebt. Inzwischen ist es hell draußen. David erkennt Häuser, Felder, Straßen, Flüsse – später steigen sie über Wolken, fliegen wie über leuchtende Schneefelder.
Der kleine Da schläft ein. Gunhild stützt seinen Kopf mit den Armen.
Den Lesestoff braucht David nicht. Fliegen ist viel zu aufregend.

Später landen sie auf einer Insel, die Rhodos heißt. Da steht das Flugzeug eine halbe Stunde. Menschen steigen aus und ein.
In Iraklion, dem einzigen Flugplatz auf Kreta, erwartet sie und die anderen Gäste der Akademie ein Reisebus.
„Wie lange fahren wir jetzt noch?" David spürt alle Knochen vom vielen Sitzen. Auch der kleine Da jammert wieder, er will endlich baden und im Sand buddeln und nicht nur fliegen und im Bus fahren.
Judith jammert nicht. Sie ist sehr beschäftigt. Ein anderes Pfarrehepaar hat auch seine Kinder mit. Ein Mädchen, das ist so alt wie David und einen Jungen, der Philipp heißt und mindestens ein Jahr älter ist als Judith. Sie beobachtet ihn hinter ihren langen Haaren. Sie findet, er sieht sehr gut aus.

„Iiii", David schüttelt sich, „das Wasser ist ja eiskalt!"
Gestern sind sie angekommen, und während der Vater sich mit den anderen Kirchenleuten berät, bespricht, Vorträge anhört, gehen Gunhild, Judith und die beiden Da's zum Strand.

David ist erster, aber das Wasser ist nicht so warm wie die Luft an diesem Sonnentag.
„Stell dich nicht so an!“ sagt Judith, sie taucht die Zehen ein und schreit nicht ‚iiii‘, denn Philipp ist mit zum Strand gekommen. Allerdings mit Schwester und Mutter.
Der kleine Daniel watet zwischen Steinen und Kies bis zu den Knien ins Meer. Ihm ist es egal, wie kalt sich das Wasser anfühlt. Hauptsache, er kann sein Schiff schwimmen lassen.
David, der große, gibt sich einen Ruck, setzt die Taucherbrille auf und schwupp – er schwimmt. Sobald man untergetaucht ist, spürt man die Kälte nicht. Herrlich! David schwimmt, bis Gunhild ihn ruft: „Komm raus, David, du schnatterst ja schon, blaue Lippen hast du auch!“
Er sitzt im Bademantel auf einem warmen flachen Stein. So viel blauer Himmel und keine Schule weit und breit! Herrlich! Hier bleiben, denkt David, das wäre schön. Jeden Tag von morgens bis abends tauchen und schwimmen und in der Sonne liegen.
„David, komm, komm schnell!“ der kleine Da scheucht ihn auf, „da sind ganz viele Fische!“
David wirft den Bademantel ab und läuft los. „Wärm dich doch erst auf!“ ruft Gunhild hinter ihm her, aber David hört nicht auf sie.
Heute ist erst Dienstag, noch liegt fast eine ganze Woche vor ihm, die muß er ausnützen.
Wenn diese Tage nur stehenbleiben könnten! Aber sie tun es nicht. Sie kommen und breiten ihre Erlebnisse aus und gehn viel zu schnell in warme dunkelblaue Abende über.
Vom Tauchen kriegt David überhaupt nicht genug. Vor seiner Taucherbrille ziehn Fischschwärme vorüber. Sind aber viel zu geschickt, als daß er auch nur einen Fisch fangen könnte. Dafür fängt er kleine Krebse, die in leeren Muschelhäusern leben. Einsiedlerkrebse heißen sie. Der Sandeimer vom kleinen Da steht

voll mit Meerwasser am Strand. David legt seine Beute hinein, damit man sich die Krebse in Ruhe anschauen kann.

Einmal mieten die Baiermanns ein Auto. Es ist zwar nicht groß und eine Schrottkiste, findet David, aber nach Knossos möchte er schon.
In Knossos, hat Rudolf erzählt, lebte vor vielen tausend Jahren ein König, der Minos hieß. Er besaß einen ganz besonderen Stier, den Minotaurus. Der war so eine Art Ungeheuer, er fraß nämlich am liebsten junge Mädchen.
„Au, gut!" hat David gesagt, „ da können wir ihm gleich Judith zum Fraß vorwerfen."
„Für diesen Minotaurus hat der König einen Irrgarten gebaut, ein Labyrinth. Reste davon haben Archäologen wieder ausgegraben, die möchte ich mir gerne mit euch zusammen anschauen."
„Aber die Judith lassen wir nicht dort", hat der kleine Da gesagt und sich gleich auf Judiths Schoß gesetzt.
„Ach wo! Das vom Minotaurus ist nur eine Sage, eine Geschichte, die nicht wirklich wahr ist, Dani", mußte Rudolf gleich erklären. „In Wirklichkeit ist das Labyrinth wohl der Palast des Königs Minos gewesen, das Untier hat es nicht gegeben."
Sie fahren über holprige Bergstraßen, die aufgesprungene Teerdecken haben. Die Rücken der Berge sind dicht mit Sträuchern und Büschen bewachsen. Lauter stachliges Kraut, aber jetzt im Frühjahr blüht alles und duftet.
Wo sich Bachläufe zwischen den Bergen winden, blüht Oleander mit großen grellrosa Blüten.
Manchmal entdecken Daniel und David komische weiße Kisten mitten am Berghang. Alle haben entweder blaue oder rote Dekkel und stehen in einer Reihe. Gunhild sagt, daß das Bienenkästen sind. Imker haben sie aufgestellt, damit die Bienen dort ih-

ren Honig hintragen. „Jetzt blüht der Lavendel, davon macht man den Honig, den es in der Akademie zum Frühstück gibt, den du besonders magst, Judith."
In Knossos klettern schon andere Touristen über die Trümmer des Palastes vom König Minos.
Am Eingang gibt es mehrere Stände mit Andenken. David entdeckt einen Stier aus Goldbronze, Judith kann sich kaum von einem bestickten Folklorekleid trennen.
„Kommt doch! Erst schauen wir uns das Labyrinth an!"
„Krieg ich nachher den Stier?"
„Und ich das Kleid, bitte, Mutti!"
„Ich will ein Eis!" jammert der kleine Da, „ich schwitze so!"

Das zweite Osterfest rückt näher. Karfreitag. Judith hat das neue Kleid angezogen und findet sich sehr schön. Jedenfalls behauptet David das von ihr. Er dreht sich vor Judith wie ein Kreisel und spottet: „Hach, was bin ich schick! Hihi!"
„Hör auf, David!"
„Wenn dich dein geliebter Philipp sieht, fällt er in Ohnmacht!"
„Hör auf, oder ich werf dir deinen goldnen Stier an den Kopf."
Judith nimmt rasch den Stier vom Nachtkästchen.
„Judith, David, aufhören! Müßt ihr euch immer zanken?" Gunhild sitzt auf dem Balkon und kämmt sich die Haare, die noch feucht sind vom Waschen, „macht euch lieber fertig, wir müssen bald zur Kirche hinüber, wenn wir von der Feier etwas mitkriegen wollen."
„Da hast du deinen doofen Ochsen!" sagt Judith und gibt dem großen Da den Stier zurück.

Vor der Kirche ist ein Hof. Dort sind Lautsprecher aufgehängt. Mehr Leute stehen draußen im Hof als in der Kirche. Das ganze

Dorf ist da. Männer, Frauen, Großmütter, Kinder. Alle festlich angezogen.
Es werden lange weiße Kerzen verkauft. Die hält man brennend in der Hand. Manche Leute haben sich gleich noch eine Reservekerze besorgt.
Natürlich möchte der kleine Da auch eine Kerze halten. Wenn ein bißchen Wind aufkommt, muß man die Flamme mit der Hand schützen.
Aus der Kirche tönt Gesang, der Pastor, der Papas heißt, singt im Wechsel mit einem Chor von Männern.
„Singen da keine Frauen mit?" fragt Judith.
Rudolf schüttelt den Kopf. „In der orthodoxen Kirche haben die Frauen keine Rollen. Sie sind still und hören zu."
„Gemeinheit", sagt Judith.
Rudolf hat ein Buch mitgenommen, da stehen die Texte drin, die vorgesungen werden. David guckt mit hinein, kann aber nicht einmal die Buchstaben entziffern. Es sind griechische Schriftzeichen. „Verstehst du das alles, Papa?"
„Wenn ich ehrlich bin, nur ungefähr die Hälfte – ich kann ahnen, worum es geht."
„Und worum geht es?" fragt Judith; ein bißchen spitz klingt es. Daß Frauen nichts zu sagen haben, ärgert sie doch sehr.
„Viele Psalmen aus dem Alten Testament werden gesungen", sagt Rudolf, „und aus dem Neuen auch Ausschnitte."
Hier draußen kann man sich leise unterhalten. Das tun alle Menschen. Anders als in den Gottesdiensten zuhause. Man grüßt sich, nickt und lächelt, die kleinen Kinder laufen herum, Großmütter und junge Frauen halten Babys auf den Armen. Weil alles so furchtbar lange dauert, gehen manche Leute zwischendurch weg und kommen dann wieder.
Aber dann beginnt eine Prozession.
In Gold und Weiß gekleidete Jungen tragen ein Kreuz und Ster-

ne. Einige Frauen in schwarzen Gewändern stellen, sagt Rudolf, die trauernden Frauen dar, die bei Jesus waren. Frauen in Weiß – „das sollen die Frauen sein, die Ostern an's Grab Jesu kamen." Ein großes, schön mit Blumen geschmücktes Holzgestell, das Männer tragen. Das ist das Grab Jesu. Der Zug geht mit Gesang durch das Dorf. Jetzt sind wieder alle Leute da. Gottesdienst auf der Straße – das finden David und Judith spannend. Wie ein richtiges großes Fest ist das. Der kleine Da hält seine Kerze mit beiden Händen fest, und in seinen Augen spiegelt sich das Licht.

Am Karsamstag bummeln die Leute aus der Akademie im Dorf. Dort ist mächtiger Betrieb. Alles wird vorbereitet für morgen. Ostertag. Der wichtigste Feiertag für alle orthodoxen Christen. Das Fest wird schon in der Nacht beginnen.
Abends versprechen Rudolf und Gunhild den beiden Da's, daß sie sie rechtzeitig wecken. Judith darf aufbleiben. David ärgert sich natürlich. „Immer die! Die darf alles, ich bin auch kein Kleinkind mehr! Aber ich muß ins Bett!"
Es ist fast wie Silvester. Gegen elf Uhr – es ist schon finster, aber angenehm warm – wandern alle Gäste der Akademie wieder in das Dorf hinunter und zur Kirche.
Die ist übervoll. Hinein kommt man nicht. Sogar der große Vorhof ist voll wie ein Rummelplatz.
Zuerst findet David es langweilig. Das ist ja wieder genauso wie am Karfreitag. Wieder die Singerei, endlos! Aber dann passiert etwas. Wirklich, wie Silvester! Mitten im Gottesdienst werden Kracher abgefeuert.
„Paßt auf", ruft Rudolf in den Lärm hinein. „Jetzt ist Ostern, jetzt ist Christus auferstanden!"
„Christos anesti", rufen die Menschen einander zu. Christus ist auferstanden! Sie fallen einander um den Hals, küssen sich. Christus ist auferstanden – Christos anesti!

Eine alte Oma mit Kopftuch reißt den kleinen Da an sich, küßt ihn auf beide Wangen: „Christos anesti!"
Der kleine Da lernt es schnell. Er ruft laut mit. Judith und David trauen sich nicht. Obwohl es einen mitreißt. So eine Stimmung. Wieviele Küsse sie bekommen? David wischt sich ein paarmal mit dem Handrücken über die Backen und raunt Judith zu: „Ich bin doch kein Heiligenbild" – er hat gesehen, daß die Leute hier sonst Heiligenbilder küssen. Von sich aus gehen sie auf niemanden zu, sie erwidern die Küsse auch nicht. Auch Rudolf und Gunhild tun es nicht.
Weit nach Mitternacht gehen sie zur Akademie zurück. In der Kirche dauern die Gesänge noch an. Endlos, immer weiter.

Im großen Saal erwartet sie ein tolles Essen. Mitten in der Nacht stehn alle Tische gedeckt, die gläsernen Schiebetüren zur Veranda sind weit offen. Es gibt kleine Hackfleischbällchen und gefüllte Tomaten, gefüllte Gurken, Paprikaschoten und kleine Kürbisse, Salate und schwarze, sehr salzige Oliven, gebackenen Fisch und rote, saftige Wassermelonen. Man darf sich von allem nehmen, soviel man möchte. Am besten aber sind die Eier! Berge von roten Ostereiern.
„Rot ist meine Lieblingsfarbe!" sagt der kleine Da und greift zu.
Es gibt da ein Spiel, bei dem alle mitmachen, auch die Erwachsenen. Eiertitschen. Man muß sein Ei an das eines anderen titschen. Wessen Ei kaputt ist, der muß es essen. Dann nimmt er sich ein neues Ei. Der große Da hat schnell einen Trick heraus. Wenn man ein Ei an die Zähne drückt, kann man ausprobieren, ob es eine harte Schale hat. Hat man eins mit besonders harter Schale, kann man alle anderen besiegen.
Es ist schon fast wieder Tag, als die Kinder ins Bett fallen.
Sie schlafen bis mittag. Auch Gunhild und Rudolf schlafen lan-

ge. Als sie endlich wach sind, geduscht haben und sich wieder frisch fühlen, gehen sie in den Innenhof der Akademie.
Von dort her duftet es nach Kräutern und etwas Gebratenem.
„Hmm“, macht Judith, „da krieg ich richtig Appetit!“
Aber dann bleibt sie stehn und schreit: „Schnell, Guni, trag den kleinen Da weg!“
Es ist schon zu spät, der kleine Da hat es auch gesehen.
Im Hof wird am Spieß ein Lämmchen gebraten. Es hat den Spieß mitten durch den Körper gesteckt und ist noch ganz: Augen, Zähne, Beine, Schwänzchen.
„Mutti, was ist das denn? Ist das tot?“
„Igitt, gruslig“, sagt David, „davon esse ich jedenfalls nichts.“
Gunhild versucht, den kleinen Da abzulenken. Es gelingt nicht.
„Warum hat man das arme Lämmchen totgemacht? Das soll nicht tot sein!“ Dani weint und steckt den Kopf in Gunhilds Rock.
Rudolf versucht zu erzählen: „Weißt du, Dani, Jesus ist doch für die Menschen am Kreuz gestorben. Man hat Jesus deshalb manchmal das Lamm Gottes genannt, das unschuldig geschlachtet wird. Als Zeichen dafür schlachten die Menschen in Griechenland zu Ostern heute noch Lämmer. Es soll eine Erinnerung an Jesus sein. Aber du, Dani, ich finde das auch nicht schön. Und richtig finde ich es auch nicht.“
„Jetzt wißt ihr, warum ich kein Fleisch mag. Darum!“ heult Dani, „weil man das arme Lämmchen und die anderen Tiere erst totmachen muß.“
„Eßt ihr schon mal Salat und Brot“, sagt Gunhild zu den anderen, „ich gehe mit Dani ins Haus zurück, bis das Tier vom Spieß weg ist.“
Judith sagt: „Laß mal, Mutti, ich mach das, mir ist auch der Hunger vergangen. Ich krieg jetzt nicht einmal eine Olive runter.“ Dabei mag Judith Oliven sonst besonders gern.

Abends packen sie die Koffer. Die Kinder haben einen Tag länger Ferien bekommen, damit die Familie am Montag zurückfliegen kann.
Judith und David haben schöne Steine gesammelt. „Unmöglich! Die sind viel zu schwer, die müßt ihr hierlassen!“ sagen die Eltern.
Aber einen Zweig Oleander nehmen sie mit, vielleicht schlägt er Wurzeln, wenn man ihn in Wasser stellt. Oleander und viele Erinnerungen.
Christos anesti!

Vorbereitungen für Judiths Konfirmation

Judith und Gunhild sitzen am Wohnzimmertisch. Stapel von weißen Karten und leeren Briefumschlägen häufen sich neben ihnen. Gunhild hat einen Block vor sich und dreht den Kugelschreiber zwischen Zeigefinger und Daumen.

„Also?"

„Muß das denn sein, Guni", sagt Judith. Ihr Gesicht ist finster. „Mit Tante Lotti oder wie die heißt, kann ich wirklich nichts anfangen, ich kenn die überhaupt nicht mehr. Die war zuletzt an Danis Taufe da."

„Ja – ha, weiß ich noch", sagt der kleine Da, aber Judith faucht ihn an: „Das *kannst* du überhaupt nicht wissen, du warst nämlich noch ein Baby, als du getauft worden bist."

„Weiß ich trotzdem", sagt der kleine Da und zieht ab in den Garten.

„Aber Tante Lotti ist die einzige Schwester von deinem Vater", sagt Gunhild. Sonst sagt sie nie ‚dein Vater', wenn sie Rudolf meint, „und wir können nicht Ernst einladen und Lotti nicht. Das geht eben nicht. Sieh das doch endlich ein."

„Ist das denn *meine* Konfirmation oder eure?" sagt Judith laut.

„Ja, find' ich auch!" David sitzt auf dem Sofa und sortiert seine Comic-Hefte, er hat aber genau zugehört, „das ist doch Judiths Konfirmation, also kann sie einladen, wen sie mag, ich finde die Tante Lotti auch doof, die sagt jedesmal: ‚Bist du aber groß geworden', wenn sie einen sieht."

„Was soll sie auch anderes sagen", Gunhild seufzt, „sie sieht euch so selten, da fällt ihr eben auf, daß ihr euch in der Zwischenzeit verändert habt."

„Gib's doch zu, Mutti", schreit Judith, „gib's doch zu, ihr mögt Lotti auch nicht, darum kommt sie ja nie hierher. Papa hat selber

gesagt, daß Lotti ganz andre Ansichten von allem hat als er. Warum muß sie ausgerechnet an meiner Konfirmation kommen? Ich will überhaupt keine Verwandten da haben. Auch Oma und Opa nicht. Ich hasse Familienfeiern!"
„Das darf doch nicht wahr sein!" schreit Gunhild, „da setze ich mich hin, überlege mit dir, wen wir einladen – und du!"
Gunhild ist aufgesprungen, so regt sie sich auf. Weil aber das Baby in ihrem Bauch recht groß ist und ganz schön schwer außerdem, zieht es schmerzhaft in Gunhilds Rücken, wenn sie so heftig aufspringt. Sie setzt sich lieber wieder hin.
Der kleine Da kommt gerade wieder ins Zimmer. Hinter ihm Iffet und noch zwei andere kleine Mädchen. Er sieht, wie Gunhild sich die Hände vor die Augen hält und hört, wie Judith reichlich laut sagt: „Ich will ja mit dir überlegen, aber du hast ja schon von vornherein beschlossen, daß alle lieben Verwandten kommen müssen!"
„Andere Leute machen das schließlich genauso, ja?" Gunhilds Stimme überschlägt sich fast.
Der kleine Da guckt von einer zur anderen.
„Nicht schreien, Mutti", er streichelt Gunhild, „ du hast gesagt, das ist nicht gut für das Baby, wenn man schreit."
„Hast recht, Dani", Gunhild legt ihr Gesicht auf Danis Kopf, „wir streiten uns nur wegen Judiths Konfirmation."
„Warum muß die Judith Konfirmation haben, wenn ihr euch nur streitet? Ich weiß sowieso nicht, warum sie ein Fest hat und Geschenke kriegt, und es ist kein Geburtstag. Das versteh ich nämlich schon lange nicht."
„Hach", sagt der große Da aus seiner Ecke heraus, „Konfirmation ist sowieso bla-bla, das ist bloß wegen der Geschenke toll, hat Holger gesagt. Sein Bruder hat voriges Jahr Konfu gehabt, der hat einen eigenen Fernseher gekriegt und ein ferngesteuertes U-Boot für fünfhundert Mark."

„Das sollte euer Vater hören!“ sagt Gunhild. „Aber der hört es nicht, der ist ja nie da!“
„Was höre ich nicht?“ Rudolf kommt prompt in dem Augenblick über die Terrasse ins Zimmer. Er war mit dem Fahrrad unterwegs, Besuche machen. Bei schönem Wetter macht er das oft mit dem Rad, dann fährt er direkt in den Garten.
„So, ich bin also nie da. Und worum geht es noch?“
„Ach, macht ihr das miteinander aus. Ich muß mich sowieso noch für die Chorprobe heute abend vorbereiten“, sagt Gunhild, legt den Kugelschreiber weg und klopft mit beiden Händen den Stapel Postkarten zurecht, „und wenn du dich doch noch entschließt, jemanden einzuladen, Judith, hier, bitte, schreiben kannst du schließlich selber.“
Gunhild geht.
„Ihr dürft Gunhild nicht so verärgern“, sagt Rudolf. „Für sie ist jetzt alles doppelt anstrengend, wo das Baby bald kommt.“
„Die Judith hat sich mit ihr wegen der Konfirmation gestritten“, sagt der kleine Da, „warum hat Judith überhaupt Konfirmation?“
„Das kann sie dir selber sagen“, sagt Rudolf, „das hat sie nämlich bei mir im Unterricht gelernt.“
„Ja, gut, also“, sagt Judith. „Du bist doch als Baby getauft worden, Dani. Und weil Babys noch nicht sagen können, ob sie an Gott glauben wollen und an Jesus und so, darum holt man das später nach. Das ist dann die Konfirmation, die Erneuerung der Taufe. Wir sagen dann vor der Gemeinde, daß wir Christen sein wollen.“
„Gut aufgepaßt, Judith“, Rudolf freut sich. Aber David will wissen, warum man dann Geschenke kriegt und die ganze Familie eingeladen wird. „Daß man Christ sein will, dazu braucht man doch nichts geschenkt kriegen, versteh’ ich nicht.“
„Das ist eben wieder eine alte Sitte. Früher fielen Konfirmation

und Schulabschluß zusammen. Deshalb bekamen die jungen Leute so eine Art Abschlußgeschenk, weil sie keine Kinder mehr waren, sondern ins Berufsleben hinausgingen. Jetzt ist das mit den Geschenken so sinnvoll nicht mehr."

„Und daß die ganze Verwandtschaft antanzen soll, ist noch blöder", sagt Judith.

Dani fragt dazwischen: „Krieg ich dann auch was geschenkt, wenn die Judith Konfirmation hat?"

„Weiß ich noch nicht, Dani, das sehn wir dann", sagt Rudolf.

„Okay", sagt Dani, „ich geh spielen, und später sagst du's mir."

„Habt ihr euch wegen der Einladung gezankt, Gunhild und du?"

Judith nickt.

„Wie möchtest du denn, daß wir feiern?"

„Ohne Verwandte. Ich möchte lieber am Nachmittag von meinen Freunden welche einladen. Gaby zum Beispiel, die ist katholisch, die will aber zum Gottesdienst kommen, und den Gerd?"

Judith wird rot.

„Mit dem gehste doch gar nicht mehr", ruft David, der immer noch auf dem Sofa sitzt.

„Doch", sagt Judith, „inzwischen wieder."

„Laß uns das in Ruhe besprechen. Wir finden bestimmt einen Weg", sagt Rudolf. „Ich verstehe schon, was du meinst, und deine Mutter versteht das bestimmt auch, wenn du ihr das ruhig erklärst."

„Ja, ist gut", sagt Judith, „wenn ich meine Freunde einladen darf, können von mir aus auch Verwandte kommen. Meinst du, ich soll gleich mit Guni sprechen?"

Rudolf nickt. Da packt Judith die Karten und Umschläge und nimmt auch den Block mit, um alle Namen zu notieren.

Sie soll Johanna heißen

An dem Tag hat David früher Schule aus, weil zwei Stunden Englisch ausfallen. Der Rot mußte zu irgendeiner wichtigen Besprechung oder zu sonst etwas, jedenfalls ist er nicht da, und Davids Klasse darf nach Hause.
„Gut, daß du kommst, mein Schatz", sagt Gunhild. Sie ist barfuß und im Bademantel an die Haustür gekommen. ‚Schatz' sagt sie ja sonst auch nie zu David. Höchstens zum kleinen Da.
„Bist du krank?"
„Nein, nein, aber –" Gunhild redet nicht weiter, sie geht ins Wohnzimmer, läßt alle Türen hinter sich offen, legt sich auf den Wollteppich. Einfach so, auf den Rücken, macht beide Augen zu.
David läßt langsam seine Schulmappe sinken. Da stimmt doch was nicht. So merkwürdig benimmt sich seine Mutter sonst nie. Er schleicht zu ihr, hebt vorsichtig ihre Hand hoch. Die Hand ist völlig schlaff.
David erschrickt.
Da öffnet Gunhild die Augen wieder, setzt sich auf und lächelt. „Alles okay, David. Aber gut, daß du schon zurück bist, dann kannst du gleich den kleinen Da abholen. Ich schaffe es heute nicht mehr. Unser Baby wird bald da sein."
„Jetzt? Gleich? Heute?"
Das Baby – David hat sich bisher wenig damit beschäftigt. Geschwister hat er schließlich. Außerdem hat sein Freund Pascal Mayer gesagt, vier Kinder wären zuviel, er fände es blöd, hat er gesagt, daß David noch ein Geschwister bekäme. Na ja – Pascal hat überhaupt keine Geschwister, und vielleicht ist er auch nur neidisch – David weiß trotzdem nicht so recht, wie er sich das Baby vorstellen soll, ob er sich freut, weiß er genauso wenig.

„In ein paar Stunden, denke ich, wird es da sein", sagt Gunhild, „ich habe alles vorbereitet. Frau Haubert wird jeden Augenblick–"

Wieder legt sich Gunhild mitten im Satz schlaff auf den Teppich. David sieht, wie sich der gewaltige Bauch hebt und senkt, wenn sie atmet.

Da klingelt die Türglocke. Er ist mit zwei Sätzen an der Tür und läßt Frau Haubert herein.

Frau Haubert ist die Hebamme, sie wird mithelfen, wenn das Baby geboren wird. Eine große hagere Frau mit kräftigen Händen ist sie.

„Na, David, wie geht's der Mutti?" Sie schiebt ihn vor sich her ins Wohnzimmer, als ob das ihre Wohnung sei.

„Keine Ahnung, sie liegt da auf dem Teppich", sagt David, aber Gunhild ist inzwischen aufgestanden.

„Holst du bitte den kleinen Da? Und vergiß den Schlüssel nicht, vielleicht kann euch gerade keiner aufmachen!"

„Ja, ja, nun kommen Sie aber mit, Frau Baiermann", sagt Frau Haubert und schiebt auch Gunhild vor sich her die Treppe hoch. Das neue Geschwister soll nicht im Krankenhaus geboren werden, sondern zuhause. Auch der kleine Da ist zuhause geboren. David erinnert sich aber nur ungenau, wie das damals war. Judith hat ihn mit zu einer Freundin genommen und als sie zurückkamen, lag der kleine Da im Körbchen und schlief.

Diesmal ist alles anders. Richtig aufregend. Er muß jetzt mithelfen. Zuerst den Schlüssel finden. Der hängt nicht am Schlüsselbrett. Den Schlüssel finden und den kleinen Da abholen, und warum legt sich Gunhild mitten im Satz hin und atmet? Wie lange dauert es noch, bis das Baby geboren ist? Wird Vati bis dahin zurück sein? Was macht die hagere Frau Haubert mit Mutti? Fragen, wo der Schlüssel ist, und noch einmal gucken, wie es Mutti geht!

David öffnet die Schlafzimmertür.
„Na, junger Mann, noch nicht unterwegs zum Kindergarten?“ Frau Hauberts Stimme ist laut und betont vergnügt. Das mag David nicht. Er mag überhaupt die ganze Frau Haubert nicht, wenn er ehrlich ist. Sie will, daß ich weggehe, denkt David und bleibt extra an der Tür stehen.
„Komm, mein Schatz“, Gunhild winkt ihn zu sich, hält mit beiden Händen seine Handgelenke. Ihre Hände fühlen sich sehr warm an. Er will nach dem Schlüssel fragen, aber da schließt Gunhild gerade wieder die Augen und atmet wieder so tief.
Frau Haubert steht neben David am Bett und guckt auf ihre Armbanduhr. Als Gunhild die Augen öffnet, nickt die Hebamme und sagt: „Sehr schön, es macht sich, das haben wir bald.“
„Mutti?“ David flüstert, wagt nicht laut zu sprechen, weil heute alles so besonders ist, „warum machst du immer die Augen zu und atmest?“
„Sie hat Wehen“, sagt Frau Haubert laut und lacht, „na, wolltest du nicht längst unterwegs sein?“
„Lassen Sie mal“, sagt Gunhild und behält Davids Handgelenke in ihren warmen Händen, „damit das Baby geboren werden kann, muß mein Körper jetzt kräftig arbeiten. Er macht das von selbst, und ich helfe mit, wenn ich dabei ganz ruhig liege und –“
Gunhilds Hände lassen David los. Sie atmet, und Frau Haubert schaut auf die Uhr.
David schleicht sich aus dem Zimmer.
Weil er den Schlüssel nicht findet und vergessen hat zu fragen, läßt er die Terrassentür einen Spalt breit offen, setzt mit Schwung über den Gartenzaun und rennt in weiten Sätzen quer über den Parkplatz, den Fußgängerweg entlang, über die Straße zum Kindergarten.

Das dauert, bis der kleine Da endlich herauskommt! David kickt Steine in eine der großen Pfützen, die sich auf dem ungeteerten Wegstück vor dem Kindergarten gebildet haben. Es hat in den letzten Tagen dauernd geregnet, obwohl Sommer ist. Heute hat die graue Wolkendecke blaue Löcher, und manche Wolken sind sogar fast weiß.

Ist ja auch ein besonderer Tag heute. Der Geburtstag von – Johannes oder Johanna. David möchte lieber, daß es ein Bruder wird, wenn schon Geschwister.

Spannend ist das schon. Ob Mutti immer noch so seltsam atmet? Und wie wird die Geburt weitergehen?

Jetzt öffnen sich die Glastüren, an deren Innenseiten bunte Sterne und Blumen aus Papier kleben. Auch die Fenster des Kindergartens sind bunt beklebt und mit Fingerfarbe bemalt. Lauter Jungen und Mädchen mit Umhängetaschen und Saftfläschchen um den Hals hüpfen über die Treppen, dazwischen hüpft der kleine Da.

„Wo ist die Mama?"

„Komm, ich erzähl's dir unterwegs, komm schnell!"

Als er hört, was los ist, wird der kleine Da genauso aufgeregt wie der große. Sie rennen über den Parkplatz, David hebt Daniel in den Garten hinüber.

Die Terrassentür aber ist verschlossen.

Sie stürmen um's Haus, klingeln. Judith öffnet. „Psst", sagt sie, „geht ins Wohnzimmer und brüllt jetzt nicht herum, es ist gleich soweit."

David fühlt sich kribblig wie an Weihnachten oder noch viel kribbliger!

Judith kocht. Pellkartoffeln und Salat und Koteletts soll es geben. Rudolf hat die Koteletts mitgebracht.

„Ihr könnt mir aber auch helfen", sagt Judith, „zum Beispiel Salat waschen."

„Ich helf nur, wenn ich die Koteletts würzen darf", sagt David und läßt sich Wasser über die Hände laufen.
Judith ist heute ganz sanft, sie gibt sofort nach und wäscht mit dem kleinen Da zusammen die Salatblätter.
David bindet sich Rudolfs Küchenschürze um und klopft und würzt, läßt Fett heiß werden und brät Fleisch.
Judith stellt das Gas unter dem Dampfkochtopf aus und fängt an, die Kartoffeln abzupellen.
Der kleine Da hat die Küchentür aufgemacht und ist in den Flur geschlichen, die Treppe hoch. Ganz leise.
Jetzt kommt er zurück in die Küche und winkt dem großen Da: „Ich glaub, da sind Kätzchen bei uns eingebrochen", sagt er, „ich hör was mauzen!"
„Kätzchen, du spinnst", sagt Judith, aber dann läßt sie die Pellkartoffel fallen, denn oben geht die Zimmertür. Rudolfs Schritte auf der Treppe.
Er lacht, hebt den kleinen Da hoch. „Ihr dürft kommen!" David dreht schnell das Gas unter der Pfanne aus, wirft die Schürze weg. Endlich! War ja kaum noch auszuhalten!
Und?
„Eine Schwester habt ihr, Johanna ist geboren!"
„Endlich Verstärkung!" Judith strahlt über beide Backen.
David hat plötzlich das Gefühl: Egal ob Bruder oder Schwester, schön, daß es da ist.
Johanna liegt auf Gunhilds Bauch. Sie ist winzig und dunkelrosa und hat feuchte braune Löckchen.
Gunhild lächelt.
„Na, Glückwunsch, ihr drei", tönt Frau Haubert, „da könnt ihr gleich mal zusehen, wie eure kleine Schwester gebadet wird!"
Sie packt Johanna in ein Frotteetuch und trägt sie zur Wanne, die auf einem Ständer beim Wickeltisch steht.
Das mag Johanna gar nicht. Sie schreit kräftig. Erst im warmen

Badewasser ist sie still. Sie macht sogar die Augen auf und guckt sich die Geschwister an.
„Gefällt sie euch?“ fragt Gunhild.
„Darf ich sie auch mal halten?“ fragt Judith.
Der kleine Da steckt die Hand ins Badewasser und planscht ein bißchen. „Die ist ja nur so groß wie mein Jolifa“, sagt er, „wächst die bald mal?“
„Na klar“, sagt Rudolf, „paßt auf, im nächsten Jahr spielt sie schon mit dir im Sandkasten.“
David sagt überhaupt nichts. Kann man auch nicht, wenn einem so viele Gefühle und Gedanken gleichzeitig durch Kopf und Bauch gehen. Wie winzig Johannas Hände und Füße sind. Daß er selber auch einmal derart klein war? Und wie kann ein Menschlein in einem großen Menschen wachsen? Daß man nicht weiß, wie alles zusammenhängt!

Johanna ist gebadet und angezogen. Sie hat an Gunhilds Brust genuckelt. Jetzt schläft sie. Frau Haubert ist gegangen.
Rudolf hat für die drei großen Kinder Geschenke besorgt und Sekt für die Erwachsenen, aus Dankbarkeit, hat er gesagt.
Johannas Geburtstag ist für die ganze Familie ein Fest.
Und Mittagessen gibt es heute im Schlafzimmer, damit Gunhild im Bett liegenbleiben kann.

In der Kinderbuchreihe »Wolkenfenster« erscheinen Bücher für Kinder ab dem 7. Lebensjahr. Es wird von Gott und seinen Menschen erzählt. Manchmal in direkter, aber auch in hintergründig-verschlüsselter Weise. Doch immer öffnen sich die »Wolkenfenster« zum Religiösen hin.

Mechtild Theiss

Felix und Beate

80 Seiten mit 6 Illustrationen von Dorothea Lange. Ab 7
Auf der Empfehlungsliste des Katholischen Kinderbuchpreises 1981.

Felix ist viel allein. Deshalb spielt er am liebsten mit Beate und ihrem kleinen Bruder Martin. Aber Martin ist sehr krank und muß operiert werden. Felix freut sich: Nach der Operation wird Martin gesund sein und spielen können wie jedes andere Kind. Eines Tages fehlt Beate in der Schule. Felix erfährt, daß Martin die Operation nicht überlebt hat.

Nortrud und Dieter Boge-Erli

Wenn's regnet, weint der liebe Gott

96 Seiten mit 6 Illustrationen von Alexandra Hellwagner. Ab 8

Daniel Baiermann hat etwas angestellt. Niemand weiß davon. Nun regnet es. Daniel überlegt: Weint Gott, wenn es regnet? Der kleine Da überlegt überhaupt sehr viel und macht sich zu allem, was er erlebt, seine eigenen Gedanken. Kein Wunder, bei noch zwei Geschwistern und Eltern, wo der Vater Pfarrer ist. Und irgendwie gehört Johanna auch schon dazu …

Gudrun Pausewang

Steckenbein und Steckenbeinchen

112 Seiten mit 6 Illustrationen von Monika Laimgruber. Ab 8

Eigentlich wollten die drei von der Tigerbande »die Stecken-

bein« einmal richtig ärgern. Da kam ihnen das Plakat mit dem Hungerkind gerade recht.
Aber was ist nur in die Fleckenstein gefahren? Seit dem Nachmittag im Stadtpark kommt die Tigerbande aus dem Staunen nicht heraus: Mitten in der Woche, wo jeder vernünftige Mensch arbeiten geht, nimmt die Fleckenstein sich frei. Sie kauft sich eine Schreibmaschine und einen Koffer. Und eines Tages unternimmt sie eine große Reise. Sie, die noch nie vorher verreist war!

Max Bolliger

Jesus

80 Seiten mit 6 Illustrationen von Ralph Glafey. Ab 10

Jesus lebte in einem fremden Land in ferner Zeit. Sein kurzes Leben war so ungewöhnlich, daß wir noch heute von ihm sprechen. Viele Kinder haben schon von Jesus gehört. Aber wenige haben selber ein Buch über ihn gelesen und über sein aufregendes und schweres Leben nachgedacht. Max Bolliger hat nacherzählt, was der Evangelist Lukas über Jesus aufgeschrieben hat.

Kurt Wölfflin

Ein Tausender für Charlie

96 Seiten mit 6 Illustrationen von Arnhild Johne. Ab 10

Seit die Mutter fortgegangen ist und Charlie mit seinem Vater alleine haust, nehmen die Schwierigkeiten in der Schule zu. Selbst der Plan mit dem U-Boot und die Geisterbeschwörung helfen ihm nicht weiter.
Wer weiß, wie alles noch gekommen wäre, hätte es nicht Andrea gegeben und Fischer, den neuen Religionslehrer. Charlie gibt die Hoffnung nicht auf. Werden sich seine geheimen Wünsche erfüllen?

KINDERGEBETE, DIE UNS BEGLEITEN

Regine Schindler

Gott, ich kann mit dir reden

Gebete, die uns begleiten. Für Kinder, Jugendliche und Eltern.
80 Seiten mit farbigen, doppelseitigen Bildern von
Helga Aichinger.

Diese neuen Gebetstexte in Versform sollen kleine und große Kinder sowie ihre Eltern zum Nach- und Weiterbeten anregen. Die künstlerische Form dieser Texte kann auch Grundlage und Ausgangspunkt zum Beten sein in Familien, die dazu bisher nicht den rechten Mut hatten.

Charles Singer

Danke, lieber Gott

Ein Kind denkt nach.
60 Seiten, mit farbigen Bildern von Sophie Labayle.

Die Gebete wollen dem Kind helfen, den in unserer Welt gegenwärtigen Gott zu entdecken. Dabei lernt es, hinter die vordergründigen Dinge dieser Welt und seines Alltags zu sehen und begreift allmählich, daß hinter allem einer steht, von dem es beschützt wird: Gott.

Detlev Block

Gut, daß du da bist

Gebete für Kinder.
80 Seiten, mit farbigen Bildern von Hilde Heyduck-Huth.

Alles, was ein Kinderherz bewegt, sammelt sich hier zu Sätzen der Betrachtung und des einfachen Betens. Die freie Form der Gebete ist gleichzeitig Anregung zum religiösen Gespräch mit jedem Kind.